試験勉強という名の知的冒険

富田一彦

大和書房

問題を解くということ——はしがきにかえて

私の中の問題意識

私はこれまで20年以上、大学受験予備校の講師として英語を教えてきた。人間というのは面白いもので、同じことを長年やっているうちに、いつの間にか自分の中に「専門」という垣根を作ってしまい（これも後で私が提示するところの「雑音」の一種だろうが）、つい「英語」「大学受験」という枠組みの中で自分の仕事を見る傾向があった。だが、改めて考えてみると、私がこれまで教えようとしてきたのは、単に「英語」という固有の知識体系の利用法ではない。むしろ私の関心の中心にあったのは、「問いを解く」という作業の手順なのであり、そのための方法論なのであった。

もちろんそれを私は「大学受験」の、それも「英語」という科目に限ってやってきたのだが、よくよく見渡してみると、実は科目や試験の種類にかかわらず、「問い」というものには共通した特徴があって、それをきちんとおさえていけば、最小限の努力で最大限の効果が得られるということを、絶えず生徒たちに語ってきたような気がする。特に最近は、そのことを意識することが多くなってきた。

とりわけ科目数の多い国立系の学生を見ていると、科目数が多いという表面上の困難に精神的に追い詰められるばかりで、有効な打開策を見出せていない人にかなりの確率で出会うのだ。私自身も、今を去ること二十数年前に東大受験を経験し、かなりの科目を一年間で勉強してきた身である（おかげで東大には無事合格したが、だからといってすべての科目において優秀であったというわけではないことは、はじめに告白しておく）。

当たり前のことだが、私は当時から多重人格者ではなく、英語を勉強していようが数学を勉強していようが内実は同じ一人の人間であった。そしてその当時から感じていたことだが、私は複数の科目を勉強してはいたけれど、複数の「勉強」をしていたわけではなく、全体でひとつである「勉強」というシステムを身につけていたのである。言い換えれば、科目による違いよりも、すべての科目に共通する〝極意〟を学んでいたのだ。

「答」のある勉強とない勉強

もちろんここで私が「勉強」というのは、「誰かが作った問いに正解を出す力を養う」ことだけを指している。もちろん世の中には正解を求めない「勉強」というものはいくらでもある。勉強という言葉の本来の意味はむしろそちらだろう。受験勉強のことを語るときに必ず出てくる議論のひとつに、「正解」を求めてばかりいるような勉強だと、かえって自由な発想を阻害し、結局その人物の成長にとって有害だ、という言説があるが、私のように受験勉強の現場にいると、このような議論が事実の一面しか見ていない上に、本来受験勉強を援護すべき立場にいる味方に後ろから撃たれるような衝撃とむなしさを感じる。

もちろん、私自身受験勉強の世界で生きている人間だから、受験勉強を擁護《ようご》したいというバイアスを持っていることは認める。だがそれを割り引いても、誰も正解を知らない未知の世界へ歩みを進める前に、「誰かが作った箱庭」の中で「必ずあるはずの正解」を合理的に探し出す訓練は、本来の勉強をより賢明に進めていく上で、きわめて有効な準備段階だと私は思う。受験勉強は（正しい方針で臨《のぞ》めば、という前提つきであるが）、人生の有益な助走になりうるのだ。

受験勉強は「有害な知識の詰め込み」か

どうも世間の人は受験勉強にネガティブなイメージを強く持っているようだ。中には、受験そのものを、子供の成長を阻害する有害な制度と見る向きもあるらしい。そのような人々が必ず触れるのが「受験勉強は知識の詰め込みだ」という定義である。そういうことを言う本人も、おそらくは受験勉強を経験してきているはずだが、その結果そのような総括しかできないとすれば、残念ながらその人はとても不幸な受験時代をすごしたと言わざるを得ない。

実際の受験勉強には「知識の詰め込み」はいらない。誤解のないように言っておくが、「知識がいらない」と言っているわけではない。「知識の詰め込みがいらない」と言っているだけだ。

まっとうな学校のまっとうな入試問題なら、必要最低限の知識は聞いても、そう細かなことは聞いてこないはずである。

理由は簡単で、全体の体系から外《はず》れた細かなことや単発の事実はめったに使わないから覚えている必要はないし、また実生活でそういうものに出会ったら、そのとき調べればすむことだからである。調べればすむことを覚えていることを要求するのは愚かなことであり、まともな学校はそんなことは問わない。マニアな知識をいくらため込んでも、クイズ番組では優勝できても東大には入れないのだ。

もちろん私は、どの大学も絶対に瑣末《さまつ》な知識を問わない、と保証しているわけではない。世の中には、まともな判断力を持たない大人も大勢存在するし、そういう大人が問題を作ればおよそ愚かしい知識偏重の問題も当然出されることになる。すると、「ではそういう大学には知識を詰め込まないと受からないではないか」と言う声が聞こえてきそうだが、さよう、そういう大学には受からないかもしれない。だが、そういう大学には、もはや高い学費を払ってまでいく価値はないのだ。少子化時代は教育を受ける側が大学を選べる時代である。本来生きるのに必要でない瑣末な知識ばかりを聞くような「頓珍漢《とんちんかん》な」大学は、さっさと淘汰《とうた》されるがいいのである。

むしろ、本来のあるべき姿に沿って言うならば、大学が自分の組織の一員として最も受け入れたいと願う学生（そういう学生はやがて卒業後に社会的に何らかの形で成功し、それによって大学の評判を押し上げてくれるという効果も期待できる。ここで、「も」という助詞を使ったのは私の矜持《きょうじ》である。大学は本来人間の知性を推し進めることを最高の目的とした組織であるから、その意味で人類に貢献しうる人間を入学させたいというのが「主な」意図であり、その付帯的な結果としてたまたまそれが大学の評価を高めることを「も」期待するのは当然といえば当然である。どこかの大学が、スポーツ競技でゼッケンが大映《うつ》しになることによって評判「だけ」を高めようとしているように見えるのは、おそらく私の目の錯覚だろう）は、単に大量の知識を得ていれば事《こと》足りると考えるのとは全く正反対の志向性を持っている者のはずである。

何しろ、どの大学教授や「指導者」に聞いても、「知識の詰め込みはいけない」とのたまうのだ。それが真実だとすれば、単に知識を詰め込んだだけの「知識お化け」はそういう大学からは排除されているはずだ。これを皮肉ととる向きもあると思うが、どっこい、そうではない。実際、かなりの（それも見識のある）大学では、単に知識を詰め込んだだけでは解けない問題が出題されているのである。

なぜ「知らないこと」が問われるのか

では、まともな大学が受験生に問うことはどんなことだろうか。それは大雑把《おおざっぱ》に言って二種類である。まず、「誰もが知っているべきこと」。当たり前のことだが、どのような学問であれ技術であれ、それだけは知っていなければいけないという最低ラインというものは存在する。

そしてもうひとつ、こちらがいわゆる合否を分けるポイントであるが、それは「おそらくは受験者の誰も知らないこと」である。「誰も知らないこと」を問う、というと、そんなのは無茶だ、という反応が返ってきそうだが、もしあなたの反応がそうなら、考え方を変えることをお勧めしたい。「知らないこと」を問うのは全く以て当然のことなのである。なぜか。

まず第一に、誰も知らないことを問うのは、全員にとって公平である。いつだったか、センター試験という大学入試の国語の問題に、ある検定教科書に載っている文章がそのまま出題され、大騒ぎになったことがある。実際にはその科目は多くの受験生が受ける国語の科目とは異なっており、そのテストを利用する学生の割合は、全体から見てごく少数だったのに、かなりの社会問題になった。意味もなく騒ぐマスメディアの尻軽さを多少割り引くとしても、この事件から我々は一般に、試験において「不公平」が行われることに極端に敏感になっていることがわかる。だから、大学にとって、中途半端な難易度の単語、たとえば一部の検定教科書にだけ、あるいは一部の単語集にだけ載っている単語を問うのは、不公平のそしりを受ける危険がある。一方、おそらく受験生の誰一人として知らない単語を問えば、それは全員が「知らない」という意味で公平である。

第二に、そしてこちらの方が圧倒的に重要なのだが、「知らないこと」を問うことで、受験者の総合的な能力を測ることができる。意外に思うかもしれないが、本当のことである。この「総合的な能力」の中には知的なもの以外に、勇気、意欲などの情緒的な面も多分に含まれている。

知的な面に関しては、これから私が書こうとする内容の主要部分を読んでいただくとして、ここでは精神面の方にだけ触れておこう。ヒトという生物は一般に、これまでの経験で得た情報を新しい現場に当てはめて、その場でとるべき行動を判断している。ヒトが出会う状況が単調で画一的である限り、このやり方はきわめて有効である。だが、未知の状況に出会ったとき、ヒトは当然ながら今までの対処法を使うことができない。受験生の中にも「知らない単語」の意味を問う問題に出会った場合、とたんに諦めて頭の中で「蛍の光」を歌いだす生徒が間違いなく存在するが、それは大学にとって欲しくない人材の代表である。

大学の本来の設立目的に沿って原理的に言うならば、未知の事象に説明を見出そうとする人間、すなわち研究者を養成するのが大学の本来の存在意義だから、「知らない」からといっていきなり「蛍の光」を歌うような人間は、下世話な言い方だが「お呼びじゃない」のである。

自己不信と悲観主義

そういう人間はどこかで自分に対する逃れようのない不信感の虜《とりこ》になっていて、たとえば「これを知らないのは自分だけだ」と考えてしまうようなタイプなのである。そういう否定的な自己評価のせいで、その人物は何をするにも困難に直面するとすぐに諦めてしまい、今度はそのような「諦める経験」を通じて否定的な自己評価をさらに確認し強めるという一種の無間《むげん》地獄にはまり込んでしまう。

先ほど私はそういう人間は「お呼びじゃない」と書いたが、実はそのような人間の最も困った部分は、たとえば「お呼びじゃない」という言葉を投げつけられたときに、すねたり腐ったりしてしまうところなのである。そういう人は「お呼びじゃない」と言われると、「自分はお呼びじゃない人間だと言われた」と思い込んでしまうが、私は単に今のその人を「お呼びじゃない」と言っただけで、決してその人を「お呼びじゃない人」だと言ったわけではないのだ。前者と後者では意味が全く違う。前者は、あくまでもその人が今のままでは「お呼びではない」という意味だが、後者は、その人が何をどうしようと、もはや変えようもなくその人は「お呼びじゃない人」だと言っているのだ。前者は一時的な状況であり、後者は恒久的な性質を表す。そして、あまり賢くない諸君が共通して持っているのが、自分に対して言われた否定的な事柄を、一時的な状況ではなく恒久的な性質だと思い込むという意識の持ち方である。言い換えればそういう学生は、絶望的なほどに悲観的なのである。

そのように悲観的な学生が「知らないこと」に出会うと、一気に気持ちは絶望に向かってしまう。何しろ「知らない」という性質は恒久的なもので、何をやっても変えようがないのだから、諦める以外になすすべを知らないのだ。

前向き志向と楽観主義

一方、同じ状況をもっと楽観的に眺めてみたらどうだろう。つまり「知らない」というのはあくまでも一時的な性質で、正しい働きかけを行えば、その状態から離脱することは可能だと信じるのである。そうすると、では正しい働きかけとは何か、そのために何をどう工夫すればいいか、と頭をめぐらし始めることになる。この「未知の世界へ進む第一歩」が実は我々の知的活動にとってとても大切なものなのである。先ほど言った、「知らないこと」を問うことによって情緒的な面を含めた人間の能力が測れる、と言ったことのひとつの意味は、今語ったような「現実への向き合い方」「志向性」のことである。よく「前向きに生きる」と言うが、それはこのような楽観的な志向性を指していると言える。

もちろん、わかっていることの中にいる限り、誰でも前向きでいることは可能だ。それなりの自信も抱けるだろう。だが、知らないことに出会ったときに諦めてしまうのなら、それは本当の意味での前向きではないのだ。前を向くことに意味があるのは、逆境においてのことである。逆風の中で前を向き続けてこそ、初めて前向きと言いうるのだ。そのような意味で、「知らないこと」を問うのは、受験者の志向性を試すために極めて有効な手法だと言える。

試験をやる意味・受ける意義

ただし、だからといってただ闇雲に「知らないこと」を受験者に問い詰めてみても始まらない。いきなり、無前提な、誰も解決策を知らないことを修業中の身である受験生に問いただしても解けるはずはないからである（いつだったか、小論文の試験で、「環境問題を解決するにはどうすればよいか」という問題を出した学校があるが、私としては、出題した人に、「あなたの解決策を教えてほしい」と聞きたいところである）。

そこである種の閉じた系の中に自己完結性のある世界を設定し、そこにあらかじめ謎を隠しておいて受験者に発見させるという「箱庭的な能力テスト」を行うのが現実的なのである。それこそがまさに「試験」の問うものであり、そういう問いに対処する能力を磨くことがまさに人生の準備としての「勉強」なのである。

前にも言ったように、人生の中で我々が出会う問いには正解はない（こういう話を始めると、すぐに「結婚」だの「職業選択」だのに話を持っていきたがる人がいるが、まあそういうものはそう何回もあることでもないし、それほど人生に影響することでもないのだから、大して心配はしないでいい。私が言っているのはもっと具体的な選択、たとえば踏み切りをはさんだ反対側にある二軒の八百屋のどちらで今夜使うレタスを買うか、とか、鼻をたらして来院した患者に消炎剤と抗生剤のどちらを渡すかとか、ノートＰＣを買うときに友人のアドバイスとネットサーフィンの結果が全く一致しない場合にどちらを信用するかとか、半年塩漬けにしておいた株が三日連続で理由もわからずストップ高を記録した翌日、いくらの指値《さしね》でそれを売るかとか、坂道のトンネルの中で火災に遭遇したとき、上に逃げるか下に逃げるかといった、具体的でかつ重要な選択のことである）。しかもその問いはほとんどが我々にとって未知のものである。正解がなく、未知の問いであれば、たとえある答えを選んでも、それが果たして「正解」であったかどうかを確かめる術《すべ》さえないのだ。何しろ、もう一度元に戻って選びなおすことは絶対にできないからである。

だが、歴史などを研究すれば、そういう人間の選択にはやはり「正しい」ものと「間違った」ものとがあることは明らかだろう。だとすれば、そういう現実においてより合理的で、合目的的で、後悔する確率が低い選択というものは存在しうる。そういう場面でよりよい選択ができる確率を高められるように、あらかじめ「正解のある閉じた世界」で最も合理的な思考を繰り返し行っておくことは、決して無意味な苦行でもなければ、成長にとって有害なものでもないのである。

科目の垣根を越えて

そういう視点に立って考えたとき、私は若者の成長に寄与する「知的な問題」には、科目やテーマの違いを超えたある共通点があるということにぜひ多くの人々に注目してもらいたいと考えるようになった。ここで言う「多くの人々」の中には、そういう問題を解こうとしている立場の人も、そういう問いかけを与えようとしている立場の人も含まれる。そういう人たちの中には、私がおせっかいをしなくても、自力で「ものの核心」にたどり着き、それを利用して成功している人も多いだろう。

だが、どうせならより多くの人にそういう「有意義な問い」の作り方・解き方を理解してもらい、無意識や偶然によってではなく、意識的な計算に基づいて謎を与え、謎を解き明かすことができるようになってもらいたいのである。そういう意味で、本書は「試験」を受けようとしているすべての人々、そして「試験問題」を作成するすべての人々、さらにはその解き方を指導し、場合によっては受験生の成長を見守るすべての人々に向けられたものである。

　試験勉強は我々にとって最も容易に手に入り、かつ最も有意義な知的冒険のひとつであり、それにはすべての人々が参加するだけの意義がある。このことを、本書の記述をきっかけにその立場に応じてさまざまに考えていただければ、著者としてこれにすぎる喜びはない。そしてそれが「受験」すなわち「不毛」という俗説が根拠のない不幸な偏見であることを、多くの人に認識してもらうきっかけとなりうることを、受験の世界に関わる者として切に願うものである。

　もちろん私は英語の講師であるから、どうしても話の多くは英語を素材にしたものになることは致し方がないが、さまざまな人への取材を通じて、他の科目の問題や、場合によっては大学受験以外の試験問題、さらにはある種のクイズなどにも目配りしていく予定である。

　こういう試みは私自身初めてのことなので、果たしてこれがうまくいくものなのかどうか、自分でもこれから始める冒険にわくわくしているところである。

もくじ

試験勉強という名の知的冒険

第一部 問題はどのようにしてできているか

第二部 有効かつ有意義な勉強法

試験勉強という名の知的冒険

第一部
問題はどのようにしてできているか

問題を構成する二つの要素

おしなべて、世の中にある「問題」がどういう要素で成り立っているか、あなたは考えたことがあるだろうか。ここで言う「問題」は入試問題に限らない。世の中にありとあらゆるなぞなぞやクイズ、そしてもちろん入試問題から資格試験の問題に至るまで、およそ「問い」と言われるものに共通している性質は何だとお考えだろうか。そもそも、そういうあらゆる「問い」に共通な性質などというものがあるのだろうか。

それが、あるのだ。それは、どのような問題も、必ず二つのパーツからできている、ということである。その二つのパーツとは何か。私はその二つを「手がかり」と「雑音」と名づけている。

「手がかり」とは何か

手がかりについてはさほどの説明は要らないだろうが、見落としやすい点もあるので初めに触れておこう。「問い」はどんな問題であれ、必ず解くための手がかりを持っている。それがなければ客観的な解答が導けるはずもないし、たとえ間違ったとしても、後で種明かしを聞いて「あぁ、なるほど」と納得してもらうことができないからである。ここであえて強調しておきたいのは、ある「問い」が正当なものであるとすれば、その解答は客観的なものでなくてはならない、ということである。

こういうところで「純粋な客観性などというものは存在しない」というような、意図的な混乱を招くだけの哲学的論議に私は与《くみ》しない。私の言う「客観性」とは「通常の知識と判断力のある人なら、誰でも共通して考えられる」という程度の意味である。難しく考えなくても、「問い」が「問い」として成り立つためには、少なくとも種明かしを聞いたときに、通常の人なら「なるほど」と腑《ふ》に落ちるものでなくてはならない。そしてもちろん、そういう解答を持つためには、すべての問いには必ず全員が共通して認識できる客観的な「手がかり」が必要なのである。

だが、手がかりが明確になればなるほど、問題は簡単になっていく。言い換えれば、誰でも解けてしまうのだ。それではそれが「問い」である意味がなくなってしまう（後で言うような別の意図があれば別だが）。

「雑音」は問題の要《かなめ》

そこで登場するのが「雑音」である。「雑音」とは「手がかりを解答者の目から隠すためのあらゆる技術の総称」のことである。「目くらまし」と言ってもいい。これにどのようなものがあるのかを分析していくのは本書の一つの目的であるから、それを今この場で簡単に総括することはできないが、私がなぜ「雑音」という言い方でこれを表現するのかを一言語っておきたい。

雑音の雑音たるゆえんは「音」であることである。「音」というものは視覚的なものに比べて、無関係なものが入っていても目立たない。たとえばモナリザの絵の上に誰かが全く無関係なものを一筆描けば、必ずみんなが気づいて大騒ぎになる。だが、ベートーベンの交響曲第五番「運命」の始まりのあの一節にクラリネットが鳴っていることに気づいている人はほとんどいないのだ（もちろんこのクラリネットは雑音ではないのだが）。

だが一方で、他の音をすべて消すと雑音は明らかにそこにある。先ほどのベートーベンでもほかの楽器をすべて消せば、クラリネットが鳴っていることは一目（？）瞭然である。昔からスパイによく使われるのも、ラジオの放送などに小さなモールス信号を混ぜるといった「雑音」に紛《まぎ》れこませるタイプの暗号である。

逆の言い方をすれば、先ほど私が述べた「手がかり」にも「音」に当たる性質があるのだ。それはすなわち「目立たないが、はっきりしている」というものである。もちろん入試問題をはじめとする「問い」の多くは紙の上に書かれたものであり、その意味において「手がかり」は「音」とは無関係なものであることは重々承知しているが、その隠れ方や発見の仕方はまさしく「音」と呼ぶにふさわしい。これが、私がそういう目くらましの情報を「雑音」と呼ぶ理由である。

難易度を決定する「雑音」

そして、実は問題の難易度に大きく関係しているのは手がかりではなく、雑音の方なのだ。考えてもみてほしい。「手がかり」は、最終的には誰もが納得するような客観的なものでなければならないことは先にも述べたが、ということは当然ながら「はっきりしたもの」である必要がある。これを薄くしすぎると、どこかで「手がかり」として機能しなくなってしまい、答えの出ない問題ができてしまうことになる。

先ほどに続けて音にたとえるなら、少なくとも誰にでも聞こえるだけの音量で手がかりは鳴らしておかなくてはならないのだ。そうなると、同じ音量で鳴っている手がかりをどの程度隠すかは、雑音の音量によってほぼ一意に決められてしまうことは明白だろう。しかも、その雑音の音量は出題者がその問いにどのような使命を与えるかによって大きく変わってくる。

たとえば、食品メーカーなどがよくやっているクイズには次のようなものがある。

「おいしいのは○○○コーラ」の○の中に正しい文字を入れて送ると豪華な賞品が当たります！

というクイズをペプシコーラが出したとすれば、もちろん正解はペプシである。ここには「出題者はペプシコーラ」という重要な手がかりがあり、しかも雑音は全くない。だから、誰でも正解できるのだ。このような問題を出す出題者の意図はもちろん明らかである。なるべく多くの人に正解を出してもらい、ついでにはがきを送ってもらってその人々の個人情報を手に入れたいのだ。

反対に雑音を大きくすれば大きくするほど、問題は難しくなる。＊紙上で再現するのは難しいが、私が高校生の頃流行《はや》った怪しいクイズの中に次のような問題があった。ただ、この当時のクイズはほとんどナンセンスクイズと言っていい類《たぐい》のもので、内容的には実にくだらない。私がこれから提示する問題も実際くだらない問題なので、あまりまじめに考えられては困る。

では始めよう。

問題
新大阪を出た新幹線は東京に向かうか、博多に向かうか。

いかがだろうか。そんなのどっちだってあるじゃないかと思った方へ申し上げよう。正解は「東京へ向かう」である。

え？　何を言っているかわからないって？　よろしい。では数行前のアステリスク（＊）のところまで戻ってもう一度読み直してほしい。わからなければもう一度。さらにもう一度。もう四回読み直したけれど、降参するという方、よろしい。では次に進んで種明かしを読もう。

アステリスク（＊）以下の部分で私はこう言っている。「紙上で再現するのは難しいが、私が高校生の頃流行った怪しいクイズの中に次のような問題があった。ただ、この当時のクイズはほとんどナンセンスクイズと言っていい類のもので、内容的には実にくだらない。私がこれから提示する問題も実際くだらない問題なので、あまりまじめに考えられては困る。問題は『新大阪を出た新幹線は東京に向かうか、博多に向かうか』というものである」。

そう、二回も繰り返して言っているのだ。「下らない」と。下りでなければ当然「上り」であり、新大阪から見れば東京方向、というわけだ。怒ってはいけない。そう、はじめに「ナンセンスクイズ」と断ったではないか。

ふふふ。読者諸氏のブツブツ言う怨嗟《えんさ》の声が聞こえてきそうだが、そうかっかする前に冷静に考えてみると、この問題にはいわゆる「問い」の持つ性質のすべてが実に鮮やかに使われているということに気づくだろう。何しろ、手がかりはあまりにも明確である。「下らない」なのだから。だが、その情報をそのまま伝えたのではあからさますぎて「問題」にならない。そこでその「下らない」という言葉を全く別の文脈に見えるものの中に隠したのである。しかも、いきなりだと警戒されるため、最初に「ナンセンス」だと断って「下らない」という言葉を受け入れやすくする素地を作っておく。さらに一回目の「下らない」は「内容的に」を付け足すことでいわゆる「馬鹿げている」という意味の「下らない」になっている。人間は同じ言葉を繰り返し使われると同じ文脈で同じ意味にとろうとする傾向があるので、これでまんまと解答者を「はめる」準備ができたわけだ。

さらに微妙なのが「これから提示する問題も実にくだらない問題なので」という部分である。これを「これから提示する問題も実にくだらないので」とすると、その「下らない」は「馬鹿げている」という意味でしか取りようがなくなる。だが、「くだらない問題」とすれば「下りではない問題」という意味に変えても日本語的に間違っていないので、手がかりは十分に解答者の目の前に提示したことになる。さらに、通常は口伝えで問題を出すのだが、今の場合本に書き込むため、あえて「くだらない」をひらがなで表記してみた。「下」という字から何かを連想されるのを避けるためである。

繰り返しになるが、今挙げた問題には「問い」というもののすべての性質が含まれている。何らかの意味で問題と関わるすべての人には、そういうことを少し真剣に考えてみてほしいと思う。受験生とその指導者たる人々には特にである。その種の人々には不思議にストイックな人が多く、ある科目の知識を「極める」と称して必要のない自己執着的な探求を続け、多大なリソースの浪費をしている場合がかなり見受けられる。そういう人は私がこれからしようとする話を「小手先の技術」だと嗤《わら》うかもしれない。だが、私はそういう人にこそ、私の話に耳を傾けてもらいたいと思う。

私はむしろ、これから語ることの方が「知性の本性」に近いと確信している。もちろん、各科目、各単元の核心部分については、明確な認識が必要である。それを私は決して否認しない。だが、そういう知識にはある一定の部分に「閾値」があって、それを超えていくら量を増やしていったところでそれによって得られるリターンははるかに少ないのだ。むしろそういうものを圧縮し、最小限に絞ることでより効率よくものを考えられるのではないのか。

大学受験生だけではなく、それこそ司法試験や公認会計士の試験など、長年苦労しても報われない人が多いと聞く。そういう人がどういう発想で勉強しているのか直接取材する機会はないが、おそらくはこのあたりに大きな鍵があるのではないかと思う。

私もだまされた

子供の頃に夢中になって読んだ本の一つに『頭の体操』がある。その中に次のような問題があった。といっても実はうろ覚えなのだが。「ここに使いかけの一本の鉛筆がある。この鉛筆を切ったり折ったり曲げたり食べたり一切しないで、短くしなさい」。

私のかすかな記憶では、この問題はかなり長考した記憶がある。さんざん考えて結局わからず、答えを見たとたん愕然とした。その答えとは「もっと長い鉛筆を持ってきて比べる」だったのだ。確かにもっと長いものと比べれば元の鉛筆は「短く」なる。物理的には全く変化していないのだが、他と比べることでそういう性質を帯びることになるのだ。

だが、そのことよりも私が愕然としたのは、「短くする」という問いかけに「物理的に」という意味が付帯していると勝手に考えていた自分の思い込みの方になのである。何度読み返しても、そういう記述はない。だからそういう縛りを自分にかけて考える必要はハナからなかったのである。でもいつの間にか私はそういう枠組みを自分で勝手に設定し、その中で自縄《じじょうじ》自縛《ばく》に陥っていたのであった。

しかも情けないことに、よく読めば出題者は最初からそう言っているではないか。「切ったり折ったり曲げたり食べたり一切しないで」ということは、物理的には手を加えずに、という意味であることははじめから明らかであった。つまり出題者は最初から手の内を明かし、手がかりを設定しているのである。だが、同時に出題者は（確かそうは解説していなかったと思うが）、「物理的に手を加えずに」という言葉をあえて避け、「切ったり折ったり……」と表記した。ここにはっきりと「雑音」がある。

問題は野原に咲いている花ではない

これは偶然選ばれた言葉ではない。出題者はそれが解答者にどういう心理的効果を与えるかを十分計算した上で選んだものである。「切ったり折ったり……」という列挙の方法をとることで、そこに挙げていない別の方法、つまり「切る」「折る」以外の物理的な手の加えかたがありうるのではないかと考える方向に解答者をミスリードしたのだ。

こうやってまんまと出題者の術中にはまった私は「切ったり」「折ったり」する以外にどのような手の加えかたがあるかを必死に考え続けることになった。つまり最初から正解にたどり着く方向を出題者の罠によって消されていたのだ。もちろん、そんな罠にかかるこちらが愚かなのであって、弁解の余地はない。まだ子供だった私はこの問題に徹底的に打ちのめされた。

そうなのだ。問題は、野原に咲いている花ではない。出題者という人間がいて、その人物がこちらの動きを読みながら手がかりと雑音を設定しているのだ。この視点を持たずして問題に対処しようとするのは、槍一本で風車に立ち向かったドン・キホーテよりも数倍愚かしい。

そこで次章からはさまざまな問題を通じて、二つのことを順番に論じていきたい。そのひとつは、「雑音」にはどのようなものがあるか、もう一つは、「雑音」に惑わされず「手がかり」を見つけるには何を心がけたらいいか、である。

第二章
雑音の正体

まずは分類してみよう

では問題に現れる「雑音」にはどのようなものがあるだろうか。代表的なものをいくつか挙げてみよう。もちろんこの中には「試験」以外では使えないものもあるが、本書が試験を受けることを主に念頭において書かれていることを考慮し、そういうものもすべて含めてある。

①無関係な情報
②無関係に見える情報
③別のものに見える情報
④遠く離す
⑤未知の情報を見せる
⑥絶対に解けない問題を混ぜる
⑦時間に対して分量が多すぎるように見せる

⑧解けないことに対する心理的なコンプレックスを刺激する
⑨一部にだけ注目させる
⑩情報を断片化する
⑪消去法——正解を見つけたいというバイアスを利用する

ざっと書き出してみただけでもこれだけはある。もちろんこれにはいろいろなバリエーションが加わるので、実際に問題を検討しながらさまざまな可能性をそれぞれについて検討していきたい。まずは「無関係な情報」である。

①無関係な情報

解答するのに全く使わない情報を与えることで解答者を混乱させたり問題を難しく見せたりする方法であり、「雑音」の中ではかなり初歩的な部類に属する。気楽に考えてもらうために、またなぞなぞ的な問題から始めよう。

「犬のミーシャを連れてお父さんが散歩に出かけたところ、ミーシャは途中で向こうからお母さんが買い物から帰ってくるのを見つけて一目散にお母さんのところに駆け寄りました。お母さんのところまで着くと、今度はまた全力でお父さんのところに戻り、またお母さんのところへ、を繰り返します。最初にミーシャが駆け出したときのお父さんとお母さんの距離が200メートル、お父さんとお母さんは毎分40メートルで歩き、ミーシャの駆ける速さが毎分120メートルとすると、お父さんとお母さんが出会うまでに、ミーシャは全部で何メートル走ることになるでしょう。ただし、ミーシャははじめから終わりまで同じ速さで走り続け、しかも折り返すのにかかる時間は考えないものとします」

この問題の答えは300メートル。お父さんとお母さんが出会うまでにそれぞれ100メートルずつ進むことになるが、ミーシャはその三倍の速度で走るので、お父さんが100メートル進む間に300メートル進むことになるからである。というわけで、かなり簡単な問題なのだが、無駄に難しく考えてしまった人もいるのではないだろうか。

この問題には、実は解答には全く必要のない無関係な情報が入っているのだ。それは「犬のミーシャがお父さんとお母さんの間を往復する」という部分である。実際にはミーシャは走り続けるので途中で折り返すことは解答には全く関係がない。だが、「折り返す」という情報に惑わされると突然問題がものすごく難しく見え始める。このように、問題の中に解答とはまったく無関係な情報を混ぜることで解答者を別の方向にミスリードするのは雑音の代表的な働きである。

ステレオタイプの罠

今度は、中学入試の問題の中にその例を見てみよう。国語の文章題（筑波大学附属駒場中学校）の一部である。

（問題となった文章）

日本人はよくアリのように働くと言われる。しかし、実際の働きアリは一日のうち三分の一だけ働き、後の三分の二は遊んでいるという。アリがどういう遊びをするかというと、巣から出てきて巣の周りを全く無目的にぶらぶらするだけである。遊びの時間にはエサがあっても見向きもしない。

問：傍線部「アリのように働く」とはここではどのように働くことですか。最も適当なものを次の中から一つ選んで、記号で答えなさい。

ア　細かい気遣いをして働くこと
イ　長い時間休むことなく働くこと
ウ　みんなで力を合わせて働くこと
エ　将来を考えて計画的に働くこと

もちろん、答えはイであるが、この問題の大きな雑音は選択肢である。選択肢には「アリ」に対する我々のステレオタイプなイメージが満載である。エなどは、イソップだったかの「アリとキリギリス」にネタを取ったと思《おぼ》しき内容で、その模範解答の内容との落差に爆笑を禁じえない。だが、確かにこういうステレオタイプなイメージは「アリ」という言葉から生まれる連想としてありがちなものであり、それをわざわざ選択肢として提示してやれば、年端もいかない子供がころりとだまされるのも無理からぬことかもしれない。その意味では、相当人を食った入試問題である。

もちろんこの問題の手がかりは、次の文の「しかし」以下にある。逆接の後で「連続して働くわけではない」という趣旨のことが書かれているので、逆接の前はもちろんその「逆」、つまり「続けて働く」ことが語られていなければいけない。言われてみれば簡単なことなのだが、わざわざ無関係な情報を見せられると、それに振り回される危険性が増えるのだ。

本文よ、お前もか

次に、英語の問題で似たようなものを取り上げてみよう。

問：空所に入る適切な表現を下から一つ選べ。

We should look about and see (　　) is open to us.

1. why other course　2. when other course
3. what other course　4. how other course

さて、どうだろうか。答えは3である。正しく答えられた人はわかったはずだが、この問題(実際に慶應義塾大学の入試問題である)、実は本文自体が完全に雑音で、解答とは関係がない。使うのは中学生でも知っている知識、「数えられる名詞の単数形には冠詞がつく」と、「other には冠詞の働きはない」の二つである。course という名詞は「数えられる」名詞の「単数形」なので、通常なら冠詞が必要である。だが、どの選択肢を見ても冠詞はない。だが、what の後ろには「役割のない名詞」をつけてもよい、というオプションがあり、その場合その名詞は種類にかかわらず無冠詞になるという性質を利用すれば、what other course だけが冠詞がないことの説明がつくとわかる。ここまでの説明を読めばわかると思うが、実は本文もその意味も解答に関係ないのだ。だから、本文の中に選択肢を入れて、どれの意味が通るかなどと考えると、完全に敵の思う壺なのである。

②無関係に見える情報

「雑音」の中には一見無関係に見える、といった種類のものがある。実は関係があるのだから「手がかり」なのではないかと考える人もいるだろうし、それも一理あるのだが、それをいかにも「無関係」であるかのように装うことそれ自体が「雑音」といえる。なぞなぞ的な問題の例はいまさら挙げなくても、「くだらない新幹線」の問題を思い出していただければ私が何を言わんとしているかがわかるだろう。目の前に手がかりをでかでかと示してあるのに、それに気づかないように何らかの化粧が施《ほどこ》されている類の雑音である。

まるで枕詞（まくらことば）のように

また中学入試から入ってみよう。

「1や1000は3で割ると1余る整数です。1から1000までの整数の中で3で割ると1余る数のうち2の倍数はいくつあるでしょうか」。（麻布中学校一部改題）

こういう問題を考えるとき、まず1から1000までの中で3で割ると1余る数がいくつあるかを知る必要がある。だがこういう場合、人間の目は一部にだけ行きやすい。上限は1000なのでつい1000÷3＝333で、333個だと考えがちだ。だが、このときの333個の中にはなんと1は含まれていないのである。考えてみれば、この計算では333個のうちの最初のひとつ目は3＋1＝4であり、4からしか計算されないのである。慌て者はついそのまま計算を進めてしまうのだが、問題文をちゃんと読むと最初にちゃっかり「1……は3で割ると1余る整数です」と書かれている。つまり、はじめから333個に入らない1が具体的に提示されているのである。だが、ぼんやり見ていると、単に問題の枕詞として1が使われているように錯覚し、本来なら関係のある1という数字を無視してしまいかねない。

もう一つ、ついでなのでこの問題に含まれている別の雑音を指摘（種類①に当たる）しておこう。「3で割ると1余る数のうち2の倍数」の中には解答に関係のない雑音が含まれている。それは「1余る数」である。2の倍数、とは偶数のことだが、3の倍数は必ず一つおきに偶数になる。当たり前の話だが、3に掛ける数が奇数なら奇数、偶数なら偶数になるからだ。ということは、それに1を足した数も一つおきに偶数になる道理である。「一つおきに偶数になる」という点では、「1余る」かどうかは無関係なのである。だが、わざわざ「1余る」と書いてあると、そのことが計算に影響があると錯覚してしまいやすい。当然それが敵の狙いである。

そういう雑音に惑わされずに問いの本質だけを見れば、既に見たように1から1000の間で「3で割って1余る数」は334個あるので、そのうちの2の倍数（偶数）はそのちょうど半分あるはずである。334÷2＝167だから167個が正解である。

たった一つの見落としで東大を受けられない現実

この種の問題は英語にもかなり多く見られる。やはり外国語なので、学生の認識レベルが低いのだろう。たいした雑音でもないのに、手ひどくやられてくる手合いが多い。まずは大学入試センター試験（2002年本試験）から。

Researchers at the International Calorie Association (ICA) have claimed that it is important to develop well-balanced eating habits. Ideally, calories should be taken in equally from three meals: breakfast, lunch, and dinner. They also point out that the recommended daily number of calories for children is from 1,900 to 2,100 kcal.

The researchers carried out a survey intended to measure the number of calories children get from regular meals each day. They chose several primary schools in five cities around the world: Guana, Jamas, Lomita, Norstar, and Portville. Every day for seven days, five hundred primary school children aged 7 to 10 in each of the five cities reported what they ate. Then the ICA calculated the average number of calories in each meal and in snacks. The results are shown as percentages of the total daily

問 The total number of reports the ICA collected was (　　　　)

① 3,500
② 2,500
③ 500
④ 17,500

答えは④なのだが、わかっただろうか。注目するのは以下の部分である。

Every day for **seven days, five hundred** primary school children aged 7 to 10 in each of the **five** cities reported what they ate.

こうして見れば500 × 5 × 7 = 17,500は明らかである。だが、なぜか7 daysの方をかけ忘れて②を選ぶ人がかなり多い。そのうちの何割かは、七日分で一つのreportだと思い込んだ公算が高い。そういう思い込みをした理由は、「先頭の副詞はどんなに離れていても中心の動詞にかける」という英語学習者なら知っていて当たり前のルールを無視したことにある。先頭にある副詞Every dayは中心の動詞であるreportにかかるのだ。すると「一日毎に」reportするのだから一日一回のreportになる道理である。それが七日間続くのだから一人七回reportすることになるのだ。事実、この問題のせいで二次試験で志望変更を余儀なくされた東大受験生が相当数いた。誰もが知っているつもりのevery dayのせいで、そういう学生たちは涙を飲んだのである。

③別のものに見える情報

これもはじめに挙げた「くだらない新幹線」の問題に戻って考えていただきたい。「下らない」は出題者の意図では「下りではない」という意味であったが、それが「レベルの低い」という意味に取り違えやすい文脈で書かれていた。試験でも、焦っているとある意味と価値を与えられている情報が別の意味や価値を持つ情報に見えてしまうのである。先ほど②の説明で使ったセンター試験の英語の問題などはその典型的な例である。こういう雑音は、たくさんの言葉が出てくるような問題の中に多く見られる。言葉をたくさん使えば、誤解を誘うような「引っかけ」をつけやすくなるからである。

江戸の仇を?

今度は同じ大学入試でも、科目を変えて、日本史の問題を見てみよう。理科・社会のような知識系の教科は全く知識のない人にはさすがに少し辛いが、やはりネタとしては同じようなものを使っていることがこういう問題を見るとよくわかる。

問:次のうち、江戸時代の大坂における商業の発達と金融について誤っているものを選べ。
ア:蔵物の売却などを任された蔵元や掛屋が成長した。
イ:金・銀・銭の両替や秤量貨幣の銀を取り扱う両替商が繁栄した。鴻池家は大規模な大名貸しを行なった。
ウ:堂島の米市場、雑喉場の魚市場といった卸売市場が活況を呈した。
エ:荷物輸送の株仲間である十組問屋が結成された。

いきなりこんな問題を解けと言っても大変だろうから、多少知識を補っておこう。「掛屋」「蔵元」は江戸時代に大坂で主に発達した金融商人の名称であり、大名の家計を預かって両替を行なった。堂島・雑喉場（ざこば、と読む）は当時の有名な市場で、堂島の米市場跡は大阪市北区に、雑喉場の魚市場は今も同じく西区に石碑が残っている旧跡である。十組問屋（とくみどいや、と読む）は当時大坂屋伊兵衛という商人が発起人になって江戸に作られた一種の荷主組合で、菱垣《ひがき》廻船《かいせん》を支配下に置くことを狙って作られたものである。

というわけで、正解（つまり誤っている文）はエである。十組問屋を作ったのは「大坂屋伊兵衛」だが、作った場所は「江戸」であって大坂ではない。実に下らない、と言うのは勝手だが、これでもれっきとした南山大学の入試問題なのである。この問題のトリックは「江戸時代」という言葉が使われているせいで「江戸」という言葉が印象に残り、「大坂における」という言葉で「大坂」を見せることで、「江戸の大坂屋伊兵衛」という記憶を曖昧に刺激し、確かそういう事実があったという「記憶の隘路《あいろ》」に学生を引き込むことにある。歴史的事実としてはこの時代に十組問屋が作られたことは「事実」だし、そこに「江戸」と「大坂」がかかわっていることも「事実」なので、それを「誤り」として切り捨てることができなくなるのである。東口に西武がある池袋のようなものだ。

謎の少年「まもる君」

中学入試の理科にも似たようなものがある。以下は筑波大学附属駒場中学校の問題だが、なかなかどうして、人をだますことにかけては中学校も負けてはいない。

> まもる君とおとうさんは東京から新幹線で大阪の親せきの法事に出かけることになりました。静岡駅を発車し、大井川にかかる鉄橋を通過するころ
> まもる君：「あれ、河原にけっこう大きな石がたくさん見えるよ。おとうさん。」
> おとうさん：「本当だ。こんなに下流なのにね。」
> まもる君：「でも大井川は高さ3000メートル以上の赤石山脈の方から流れてきてるんでしょ。どうしてなのかな。」

大井川のように、下流に大きな石がある川の特徴について簡単に書きなさい。

よく読んでみればわかるが、すべての手がかりは最後のまもる君のせりふに提示されている。ついでに雑音も。そう、手がかりと雑音は同じ言葉、「高さ3000メートル以上の赤石山脈の方から」である。まず最初に「赤石山脈」という固有名詞が強烈な雑音である。中学校受験の塾

の中にはこういうどうでもいい知識を詰め込むことを教育と勘違いしているところがままあって、そういうところで「訓練」された子供はおそらく「赤石山脈」を知っている（子供時代を健全に遊んできた子供なら、赤石山脈はおろか、大井川さえ詳しく知っていてはならない。何だって？ウチの子ならきっと知っているって？　では伺うがね、お母さん、あなたは知ってたのか？）。

ところが、そういう子供はただ「赤石山脈」という名前を「山脈の名前」として覚えただけでそれ以上何も知らないから、こういう問題に出会うと「自分が知っている知識」が何の手がかりにもならないことを受け入れられずに、どこか自分の記憶のひだの奥の方に解答の手がかりがないかと探し続け、その結果、目の前にでかでかと書かれている手がかりを見ようとしなくなるのだ。いわば格好の目くらましである。

そこで固有名詞という雑音を捨てて「高さ3000メートル以上の山脈の方から」という言葉に注目してみよう。だが、これでもこの情報が別の意味を持つように読み違えてしまう人はせっかくの手がかりを無にすることになる。そういう人はおそらく直前のおとうさんのせりふ「こんなに下流なのにね」に影響されて、「高さ3000メートル以上の山脈の方から」を「遠くの方から」と読み違えているのだ。そのように読み違えると、まもる君のせりふが「遠くの方からこんなに大きな石が流れてくるのは不思議だ」という意味に聞こえ始め、解答者としては「オレもそう思う」とうなずく以外、何もできなくなってしまう。だが、それは単にこのせりふを読み違えて別の情報を受け取ってしまったからにすぎないのだ。まもる君のせりふをよく読んでみてほしい。このせりふを「こんなに下流」と順接でつなぐならば、「高さ3000メートル以上の山脈の方から」は、確かに「遠くの方から」という意味だろう。だが、まもる君のせりふの先頭にあるのは「でも」である。逆接であることに気づいて、おとうさんのせりふ「こんなに下流なのに」（つまり「遠いところまで」）と逆になるようにつなぐには「高さ3000メートル以上の山脈の方から」は「かなり高いところから」という意味だとわかる。そう、距離があっても「高いところから」下れば流れは当然「急」になる。流れが「急」ならば、石に加速度がつくから、石は大きくても遠くまで転がる計算なのだ。つまりこの問題の答えは、「流れが急なこと」だったのである。

このように、この問題は、理科の問題ではあるが、特別な知識を持たなくても、目の前の現実を正しく見つめることによって正解を得られるという意味では、実によくできた問題である。手がかりも雑音も、問題の中にきれいに組み込まれている。あっぱれと言ってもいい。

ただ、これは筑波大学附属駒場中学校に言っておきたいのだが、私は新幹線に乗って3年間、合計100往復くらい大井川を通過しているが、その間一回たりとも、「河原にけっこう大きな石がたくさん見える」と思ったこともないし、そういう場合に乗り合わせた小学生の誰一人として（正直、100往復もしていれば、かなりの数の小学生も見かけているつもりだが）、「河原にけっこう大きな石がたくさん見えるよ。おとうさん」などと言うのを聞いたこともない。たいていの小学生は大井川を渡るころにはすっかり新幹線に乗ることに飽きて、テレビゲームに没頭しているかトランプに興じているか居眠りをしているかのどれかなのである。

だからまもる君のおとうさんはまもる君が「河原にけっこう大きな石がたくさん見えるよ。おとうさん」と言ったときに、こう反応すべきだったのだ。「ん？　そうか。私は車内販売のお姉さんの脚に見とれていて、じゃなかったワゴンばかり見ていてぜんぜん気づかなかったよ。それよりお前、アイスクリーム食べないか？」

④遠く離す

これは①の内容とも関係することなのだが、雑音の中には手がかりを二つに分断し、その間に別の情報を入れることで、結果的に手がかりがそこにあることに気づかなくする、という形をとるものがある。

はじめに挙げた「くだらない新幹線」の問題でも、「くだらない」という言葉が「新幹線」となるべく離れるようにして、両者の間の関係を気づきにくいものにしている。英語では、こういう問題はたとえば和訳問題などによく見られる。英語では「文型」と呼ばれる文の構造が動詞の意味を決定しているが、その要素の一部が他と離れたところにあると、別の文型に取り違えてひどいことになるのだ。

次の文を和訳しなさい。

Recent progress of computer technology has made various tools which are necessary to edit videos available to laypersons.

実際にはたいした問題ではないのだが、漠然と印象だけで解くと失敗する。ここで一種の雑音として働いているのは make tools という表現を〈SVO〉文型でとっても「道具を作る」というもっともらしい意味ができてしまうこと、そして tools の後に which 節が配置されていることである。学生の中には節の始まりが完全な区切り、つまりそれまでの部分とのつながりを終わらせる信号であると勘違いしている人がかなりいて、which を見ると、そこまでで内容に決着をつけようとしてしまうのだが、実は節はどこにでも入り込む部分的なパーツにすぎず、節が始まる前に何かを終えておかなくてはならないなどというルールは全くないのだ。上の文を解釈するにはまず全体を見渡して、

Recent progress of computer technology has made various tools which are necessary to edit videos available to laypersons.

という四つの表現の関連性を発見しなくてはならない。これさえ見つかれば、〈SVOC〉文型のルールに従って正しく日本語訳できる。

訳例：コンピューターテクノロジーの進歩により、ビデオ編集に必要な道具が素人にも手に入るようになった。

この種のトリックは、トリックとしては正直言って「しょぼい」ものなのだが、通常の大学受験生の多くは、この種のトリックともいえないようなトリックに手もなくだまされる。それは（別の機会に詳しく取り上げるが）、言葉を「前から順番に読む」のが正しいという不可思議な思い込みの虜《とりこ》に、彼らのほとんどがなっているからである。それゆえ、出題する側にとってはたいした苦労をしないでも受験者の選別ができるとてもありがたい分野である。受ける側がすでにバイアスの虜なのだから、だますのはちょろいのである。

⑤未知の情報を見せる

これはかなり古い手である。解答者が見たことのない情報を投げつけることで解答者を混乱させ、それによって相手が手がかりを見出す冷静さと明晰さを失うことを狙っている。英語の試験では「知らない単語の意味を問う」などというのが典型的にこの種の雑音を持っている。

志の低い学生の中には知らない単語が出ただけでもうすっかり諦めてしまい、頭の中で「蛍の光」を歌いだす手合いがいるものだが、実に情けない。本当の勝負はそこから始まるのに。

「かくれんぼ」に関する次の文章を読んで下線を引いたrotの意味に最も近い意味合いで用いられているrotを含む文を下から一つ選びなさい。（慶応義塾大学・医学部）

Did you have a kid in your neighborhood who always hid so good, nobody could find him? We did. After a while we would give up on him and go off, leaving him to rot wherever he was.

1. The meat will rot if it isn't kept cool.
2. You can rot garden waste down to make a fine compost.
3. Wood will rot in damp conditions.
4. They left him to rot in prison for twenty years.

慶応の医学部ともあろうものが何ということを問うのだとあきれるばかりだが、さらにあきれたことにこの問題ができないという学生が現に存在する。そういう学生はおそらくrot本体を知らないか、あるいは一つの意味しか知らない（おそらくどの学生でも、rotを覚えるとしたら意味を一つしか知らないはずである）ため、こういう問題が出題されただけでそれまでの自分の勉強が「ハズレだった」と思い込んでしまうらしい。

中には「何であんなに勉強したのに、いつも知らないことに限って聞かれるんだろう？」とか「こんなに勉強したのに、たまたまやっていないところばかり聞かれるなんて、もしかしたら私は生まれた星のめぐりあわせが悪いのかしら？」などと思う人がいるらしいが、その人の本当に悪いのは「血のめぐり」の方である。

知らない単語という目くらまし

おそらく解答方法が思いつかない学生は下線部の単語rotに目が釘付けになって、それ以外が見えなくなっているのだ。これが先ほど言った「冷静さと明晰さを失った状態」のことである。人間は「知らないもの」を見せられると関心がそれにだけ吸い寄せられる傾向がある。

まあ、確かに、人類はこれまで「未知のもの」に注目してそれをうまく処理することによって進化してきたのだから、その子孫たる我々が「未知のもの」に注目してしまうのは進化の必然ではあるが、だからといって「未知のもの」はいくら見ても「未知」なのだから、そこから何かを解決する手がかりは得られない道理である。

未知のものには確かに「目をつける」が、それに目をつけたら必ず周囲の情報に目配りして、その周囲の情報から手がかりを得ようとする姿勢をまず持つべきである。

女性が語学が得意なワケ

余談だが、語学は女性の方が得意であるとよく言われる。その理由は「女性が感覚的に優れているから」などではなく、実はこのあたりにあるのではないかと、私はひそかに思っている。つまり、女性の方が周囲の情報を収集する能力に長《た》けているのだ。

ものの本によれば、生理学的に見ても女性の方が男性よりも視野角が広く（男性は１３５度しか見えないのに、女性は１８０度きれいに見えているそうだ。ホントですか、女性の皆さん）、より広い範囲に目配りが利くのだそうだ。

ありきたりの進化論的解説をしておけば、昔から男は狩猟を旨《むね》としていたため、狙った獲物に対する集中力には優れている分、他のことに対する目配りがおろそかになりがちであるのに対して（私なども、こんな本を書くことばかりに夢中になっていて、危うく三《み》行半《くだりはん》を突きつけられそうになったことも数知れない）、群れの中の環境をよくすることを旨としていた女性はその注意力を使って広範囲に周囲をスキャンしているのだそうである（だから、怪しいブランドショップとかドーナツ屋、バーゲンセールなどを通りがかりに突然見つけるのは決まって女性である。

それで幸福になるのはもちろん女性、不幸になるのは男性だが）。

語学では、比較的広い範囲にある情報をまず集めてから意味を判断していく方が有利なので、一点集中型の男性より広範囲スキャン型の女性の方が語学の勉強に適しているのではないかと推察する。

ただ、女性は自分は理解しても分析的に説明することが得意ではない場合がままあるので、正解はわかるが、「だってそんな感じなんだもん。絶対これだよ」とかいう非論理の権化のようなことを言って周囲を煙《けむ》に巻くことが多いのが難点だが。

より広く周囲を見渡す目を

無駄話が長くなった。問いの解説に戻ろう。今も言ったように、いわば「無意識の観察力」に長けている人（こういう人を世間では「勘がいい」と言う）は見た途端に4が正解だと思うはずだし、事実そうなのである。
勘のいい人がそう思うのは leaving him to rot wherever he was と left him to rot in prison とが（leaving と left という変化形を除いて）完全に同じ形をしている、という状況全体を把握しているからである。leave が作っている文型が leave O to V という形の〈SVOC〉文型であること、rot の意味上の主語が him という人間であること、さらに rot 直後にともに場所を示す副詞（一方は節だが）があること、と共通点を挙げたらきりがない。だからこの両者が共通した意味（人がある場所に「ずっといる」）だと考えるのが最も合理的な判断であり、それが「文脈で」考えることなのである。

「文脈」とは漠然とした意味のつながりではなく、具体的な表現同士の位置関係のことなのである。参考までに、本文と選択肢の日本語訳を掲載しておく。

和訳：

（本文）隠れるのがうますぎて誰にも見つけられない、そんな友達はいませんでしたか？　私たちにはいました。しばらく探すと、私たちはもうすっかり飽きてしまい、どこにいるのだか知らないが、そのままそこにいてもらえばいいや、という気分になったものです。

（選択肢）

1　冷蔵しておかないと、肉は傷んでしまう。
2　落ち葉を集めて腐葉土にし、いい肥料にできた。
3　湿度が高いと木は腐る。
4　彼らは彼を20年もの間牢獄に閉じ込めた。

⑥絶対に解けない問題を混ぜる

もちろん「絶対に」解けないといっても、それは通常の知識や理解を前提としている。通常の学習をしてきた人間が知っているはずのないことや聞いたことのないはずのことを問えば、当然それは「絶対できない」問題になる。極端な話、スペイン語を勉強したことのない人間に「スペイン語で家ってなんていうの？」と聞いても答えられるはずがないのだ。

だが、試験には時折こういう問題が出題されることがある。それは珍問・奇問ではないかと思う向きもあるだろう。もちろん、下手な出題者はそうである。だが、巧みな出題者は問題の設定の中にうまく手がかりを隠しながら、学生がそういう問題に出会ったときに、知的・精神的ハードルをどう乗り越えてくるかを見るのである。

こういう雑音が共通して求めているのは「発想の転換」である。その転換の内容を簡単に言えば、「知らない情報」は使わないで解く、ということだ。

次の文章を読み、下線部の意味として適切なものを下の選択肢から一つ選んで答えなさい。（上智大学）

A vegetarian does not eat fish, meat or poultry and may or may not eat milk, dairy products and eggs. People adopt this way of life for various reasons, of which the main ones are usually humanitarian or to do with ecology or health. Those who do so on humanitarian grounds have a basic respect for life in all its forms and will avoid not only meat but any product obtained by exploiting animals.

(a) 人間尊重の観点に立ってこの生き方を追求する
(b) 人間の側から自然環境や健康問題に働きかける
(c) 自然環境や健康問題について人道的に配慮する
(d) 博愛の精神ゆえに菜食主義を採る

下線部にhumanitarianという単語が含まれていることがこの問題の最大の雑音である。こういう知識の始末の悪い点は、humanという部分から「人間」には関係があるように見えるものの、実は突き詰めると何を指しているのかわからない、ということにある。だから各選択肢に「人」という訳語がちりばめてあると、それぞれがもっともらしく見えて選ぶのがむずかしくなるのだ。

だが、考えてもみたまえ。どちらにしてもあなたはhumanitarianなど知らないのだ（「失敬な、humanitarianくらい知っている」と思った人へ。そういう人はその通りに解いていただければよろしい。お疲れさま）。知らないものについてあれこれ考えてみても、どうせわかるはずはないのだ。ここはいっそきっぱりと諦めてしまおう。

⑤の解説の中にも書いたが、人間は未知のものに出会うと、ついそちらに気持ちを奪われる傾向があるが、下線部全体を冷静に見渡すとhumanitarian以外にもdo soという部分がある。これは前の述語を受けているのだから、前の述語を見てみよう。直前の文の述語はadopt this way of lifeでdo soは当然それを受けているが、this way of life自体が前を受けているので、それがなんなのか確認する。「前」は第一文だけだが、そこでは「肉などを食べない」、つまり「菜食する」としか書かれていないので、adopt this way of lifeはそれを受けて「菜食する」、さらにdo soもそれを受けて「菜食する」である。選択肢の中で「菜食」と言っているのは（d）だけなので、正解は（d）である。

つまりhumanitarianは完全な目くらましというか「見せ球」で、解答には一切使われない。もちろん、出題者としてはそんなことは百も承知である。解答に無関係であり、しかもほとんどの受験生には未知の単語であることを承知の上で、出題者はhumanitarianを設問と解答の選択肢に使ったのだ。

この問いを通じて出題者が見ようとしている能力は、無関係なものを見切って物事の本質をとらえる選択眼である。そういう視点から見れば、この問題は決して奇問ではなく、よく練られた問題だと言える。

え？　結局humanitarianの意味は何かって？　解答によれば「博愛主義の」である。そう、出題者は、正解を出した学生にだけわかるようにhumanitarianに注をつけているのだ。

次の問題も似たような発想に基づいて作られている。もちろん、形式や使う情報という表面を見れば前の問題とは全く異なるが、ある意味で「肩すかし」が一番の出題意図であるという点では両者はほとんど双子と言っていいくらいよく似ている。

問：A欄の各文の書き出しに続く最もふさわしいものをB欄から選び、記号を答えなさい。ただし、同じものは二回は使えないものとする。（慶応義塾大学）

A欄

1. There is no psychiatrist in the world
2. If it weren't for the rocks in its bed,
3. A rumor without a leg to stand on
4. When luck enters,

B欄

イ. the stream would have no song.
ロ. will get around some other way.
ハ. like a puppy licking your face.
ニ. give him a seat!

ナイーヴな選択？

実際の入試問題は八題だったが、ここでは説明のスペースの関係で四題にしてあることをまず了解していただきたい。このような問題を出されたとき、あなたはまず何を考えるだろうか。「何と何を組み合わせたら意味が通じるだろう？」といきなり考え始めるとしたら、残念ながらあなたはナイーヴに過ぎる（naive は英語では「単純バカ」という意味である。あしからず）。

だが、実際にはそういう判断をしていきなりA群の1と何を組み合わせるかを考え始めてしまう受験生がほとんどである。もちろん後述するようにそれは最も愚かなやり方なのだが、それ以前に問題は、なぜこういう問いを前にするとほとんどの受験生がはじめに「意味」を考えはじめるのか、ということである。その根底にはほとんどの学生にとって逃れ難い「意味・文脈」信仰がある。

特に「英語」という科目に取り組む場合、それが「外国語」だ、という意識を学習者はほとんど持たないまま勉強を始めることに一つの大きな要因がある。つまり、英語といっても所詮は国語と同じようなやり方で解くのだ、という信仰である。だから外国語を考える際に最も重要な要因である「文法」にほとんど目がいかないのだ。それこそが、出題者の付け目である。

意味だけで考えれば、どんな言葉の組み合わせも「可能」であり、比喩や暗喩や故事来歴を捏《ねっ》造《ぞう》すれば、どんな意味でも「それが正しい」と言い張ることができる。巷《ちまた》に流布している慣用表現などにはそういう我田引水、牽強《けんきょう》付会《ふかい》を地でいくようなものがいくらもある（そうでない、と言うならお父さん、「二枚目」がなぜイケメンを指すのか、一般論だけで説明してください）。だから言葉と言葉を組み合わせる場合、意味で考えれば明快な解答の道筋が見えないことがままあることは想像に難くない。当然ながら出題者はそのことを知っている。意味で考える限り、言葉と言葉の正確な組み合わせは基本的に「解答不能」である。意味という範囲で考える限り、この問いは最初から解答不能なのだ。

視点を変えてみる

だが、視点を変えてこの問題を見てみると、実は驚くほど簡単であるということがわかる。具体的に見てみよう。

まずA群とB群の選択肢の数がともに四つずつであることを確認する。すると、あなたが答えなくてはならない問題数は最大三問である。三問正解すれば、残りの一つは残った組み合わせ、ということになるからだ。もちろんこれはA欄の4やB欄のニが残るということを必ずしも意味しない。どれであれ、組み合わせる理由が明確なものから順に組み合わせを作っていき、そして最も組み合わせる基準があいまいな、つまり最も難しい組み合わせを最後に残しておけば、それは自分で答えずとも勝手に決まってくれる、という道理である。そう、この問題の第一のからくりは、最も難しい問題は自分で答えないでよい、ということである。言い換えれば、そういう仕組みを無視してたとえば何も考えずにA群の1とB群のどの選択肢を組み合わせるかを考え始めてしまうと、それが最も手がかりのあいまいな、つまり難しい組み合わせであった場合、その受験者はいらない損害を自らに与えていることになる。なにしろ、考えなくてよい、しかも最も難しい問題を考えてしまっているのだから、その愚かさはほとんど救いがたいものである。しかもこの問題は「一つだけ間違える」ということが絶対にできないのだ。一つ間違えるということは、その一方を使うはずだった別の問題も間違えるので、最低二つは同時に間違えることになる。つまり、正しい解き方で解けば楽に満点が取れるが、解き方を間違えるとそこに待っているのは間違いなく茨《いばら》の道、というわけだ。

ではどの問題から攻めるか。そのときにまず考えるのが、多くの受験者の見落としている視点、つまり「文法」である。意味に関してはどのような牽強《けんきょう》付会《ふかい》が可能でも、文法には明確なルールがあり、それを侵している文は正しくない、と断定することができる。だからまず意味よりは、二つの選択肢を組み合わせた時の文法的整合性を考慮する方が明らかに得策なのだ。

英文法には概括すると「文型」「時制」「同じ形の反復」という三つの柱があるが、そのいずれかの視点からまず文を見てみるのが手っ取り早い(もちろん、それができることを「英語力がある」と言うのだ)。

そこで、文法的視点から物事を見てみよう。A欄の中で最も解答の手がかりが明確なのは3である。意外に思った人は英語を文法的に見ることができていない人である。なにしろ、3の選択肢はとても明確な特徴を持っている。それは先頭にあるA rumorという名詞に役割が与えられていないので、これをB欄から選ぶ表現の動詞の主語に設定する必要がある、ということである。B欄の表現で動詞に主語が与えられていないのはロ will get ハ like（これは前置詞とも考えられるが）、ニ give の三つであるが、この三つの中から選ぶならばロ以外には考えられない。ここでも意味は全く関係がないことに注意しよう。A rumor は三人称単数だから、動詞を現在形にすると末尾に s がつく。それがいらないのは助動詞の will が間に入るロだけである。そこで最初の組み合わせが3―ロであるとわかった。

次は2―イである。この組み合わせは、これが最初でもいいくらい簡単である。2は if 節であるが if it were not for …は「仮定法」特有の表現で、結論には助動詞の過去が必要である。B欄の選択肢で助動詞過去を含むものはイだけなのだ。

最後は消去法である。1―ニの組み合わせはあり得ない。1はそこだけで文として完成しているが、それに動詞 give で始まる部分を付け足すと接続詞が足りなくなる。ハの like なら前置詞とも考えられるので like 以下を修飾語と考えれば完成した文に付け足すことも可である。従って1―ハが成立し、残った4―ニが自動的に最後の組み合わせになるというわけである。

今のやり方を聞いていて思ったはずだが、私は解答を出すのに、どの組み合わせが結果的にどのような意味を作るかを、全く説明していない。なぜなら、それは「解答に必要がない」からである。言葉の組み合わせを作るには、その意味がわからなければいけない、というのはあなたの思い込みにすぎない。必要な情報さえそろえば、意味がわからなくても組み合わせはできる。むしろ、わかるはずのない意味を知ろうとするのは雑音を大きくするばかりで、手がかりを自ら遠ざける行為なのである。

参考までに、組み合わせた英文とその意味を書いておく。

There is no psychiatrist in the world like a puppy licking your face.
（あなたの顔をなめてくれる子犬のような精神分析医はこの世にはいない：おそらく精神分析医は患者にとって都合の悪いこともはっきり指摘するような人種だと言いたいのだろう）

If it weren't for the rocks in its bed, the stream would have no song.
（川底に岩がなければ小川はせせらぎの歌を歌わないだろう：おそらく、目に見えないところで苦労をしていないと、美しい結果を出すことはできない、と言いたいのだろう）

A rumor without a leg to stand on will get around some other way.
（立つ足を持たないうわさは別の方法で伝わる：おそらく、どうやっても必ずうわさは漏れる、と言いたいのだろう）

When luck enters, give him a seat!
（もし幸運が入ってきたら、席を勧めるといい：おそらく、運がいいときにはそれを大切にしよう、と言いたいのだろう）

※それぞれの訳文の後ろに「おそらく……と言いたいのだろう」を付け足したのは、与えられた言葉の意味から類推すると、そういう意味の可能性が考えられる、ということである。それ自体はそれで構わないが、その意味でなければならない、とあえて断じる必要もなければ必然性もない、という意味を込めてのことだ。

⑦時間に対して分量が多すぎるように見せる

大学入試の問題を見ていると、試験全体からこの雑音を強く感じるものがある。学生諸君もこのことをとても気にしていて「読解問題一題を何分で解けばいいでしょう?」などと聞いてくる。正直言ってそういう問題には一概には答えられない。たとえば大問が全部で6題あって、試験時間が120分だからといって120÷6＝20分という結論は単純に出せるものではないからだ。問題の中には30分以上の長考を要求するものもあれば5分で解答可能なものもあり、それぞれにバランスよく時間を与えていくことも試験における重要な技術の一つである。だが、はじめに言ったように、最初に問題冊子を開いたときなど、こんなにたくさんあって最後まで解ききれるのだろうか、と不安になることもかなりあるだろう。もちろん、これにはちゃんとしたからくりがあるのだ。

前にも書いたとおり、試験問題は野原に咲いている花ではない。作った人間がいる。その人間は試験の合計時間、受験者のおおよその実力を知った上で、ある明確な狙いを持って問題を作ってくるのだ。もちろん、中には知っている知識を丸ごと吐き出すことだけを求めている場合もあるだろう。その場合、当然一定時間内にできる量は誰がやっても一定の範囲内に収まるはずである。だが、そこに「知恵」が絡《から》んでくると事情は一変する。⑥の例で使った慶応大学の問題のように、ある方向（あの問いの場合は「意味が通じるかどうか」）に進むと長い時間がかかったり、解答不能に陥ったりするが、別の方向（あの問いの場合は「言葉の文法的な成り立ちとルール」）に向かえばほとんど瞬間的に解答できてしまう、という問題も当然作りうるのである。つまり、見かけ上長い時間がかかるように見えても、正しい見方をすれば短時間で解くことができる、という問題は確かに存在する。反対に、それなりの時間をかけてしっかり考える必要のある問題も存在するから、試験準備において肝心なことは、与えられた問題がどちらに属するのかをきちんと把握する能力を身につけることも含んでいると言える。

一見時間がかかるが実は短時間でできる問題の典型と言えるのが、文章の段落の順番を並べ替えたり、文章の中の何箇所かに適切な文や段落を挿入する問題（受験業界では一般に「文整序」といわれる）である。学生諸君の多くは、こういう問題を見ると、まず本文を「読む」ことが必要だと感じてしまう。それだけでもかなりの時間がかかる上に、各所にあいた空所にいくつもの選択肢の中から文を選んで入れると考えただけでもう精神的に萎《な》えてしまったりする。

次に選んだのは東京大学の問題だが、一見してひどく厄介に見える。何しろ八つの選択肢の中から六つを選んで入れるのだ。単純に言って考えうる組み合わせの数は8×7×6×5×4×3

＝２０１６０通りもあるのだ。だが、この問題は、このような見せ方が「雑音」なのであって、実際にそんな組み合わせの中から選んでいたのでは試験時間内に解決できるわけはない。また、学生諸君がよく考えるこの種の問題の「解法」は、文章全体の話の内容から考えて文意の通るものを選ぶ、ということらしいが、それ自体ナンセンスである。そもそも文の一部が抜かれているのだから、文章全体の意味など取りようもないのだ。しかも「内容」という面から言えば、人は好きなことを好きなときに好きなように言っていいのであって、ある順番でものを言わなければ懲役刑になる、などということはないのである。

つまり、意味内容から考えて物事の並ぶ順番に必然性や客観的なルールなどあろうはずもなく、そういう方向に向かって考えていけば、自分から泥沼にはまりに行くようなものなのである。そう、この種の問題（最近ではセンター試験にもよく出題される）は、「内容から判断しよう」という学生の発想が「雑音」の正体なのである。

では具体的に見てみよう。読者の中で、それなりに英語の腕に覚えのあるという方は、ぜひ挑戦してみてもらいたい。この問題は、東大の英語の入試の問題の大体10％に当たるので、単純計算で全体で10分以内に解答できるのが望ましい。

※英文を右開きで読むのに違和感のある向きもあろうが、ご容赦ねがいたい。

次の英文の空白部分(1)～(6)のそれぞれを埋めるのにもっとも適切なものを，ア～クより１つ選んでその記号を記せ。ただし不要な選択肢が２つ含まれている。

"Snow" does not, at first sight, look like a topic for a cultural or social historian. As a subject of inquiry, one might think, it more obviously belongs to the geographer or the weather and climate specialist. What could be "cultural" about snow? What could be "social" about it? At first these questions may seem hard to answer. (1) ______

Snow certainly existed before humans first invented words to describe it. It's physical phenomenon. But it is also, at the same time, part of shared human experience. So the questions that a cultural or social historian would use in their approach to the topic of snow would focus on the experience of snow: What names have people given to snow? What questions have they asked about snow? What symbolic meanings have found? How have they managed snow? These kinds of questions open up wide areas of useful historical inquiry.

There is a clear history of change in social ways of thinking about and living with snow in America. Snow has been a constant in American history, but its cultural meanings have not. According to one historian, we can divide this evolving history of snow in America into six periods. In the first period,

Americans simply survived their snow. Then, in the next period, they gradually began to identify with snow, to think of it as a part of their national identity, a symbol of something clean and pure.

(2)

Snow became celebrated for its multiple meanings and its many faces. It started to represent the contradictions, differences, and variety in American life. There was a new interest in the endlessly changing appearance of American snow. It became both peaceful and dangerous, creative and destructive, passive and active, cold but full of life, and blank but beautiful.

(3)

It could be measured and predicted. And this trend towards thinking of snow as something that could be understood, if not exactly controlled, encouraged people to organize the study of snow. In this next period, American snow became something to be investigated, described, and named. In this period, the National Weather Bureau grew in importance, and scientific interest in the North and South Poles increased the public consciousness of snow.

In the fifth period, winter sports started to become a major commercial activity, especially skiing. But then just when snow was for the first time beginning to look like fun, people also started to have to pay attention to it as a serious social problem. (4)

Finally, for many Americans today, snow might be most immediately associated with the safety of a lost past. This past might be the remembered winters of childhood, or it might be an imagined past America, a place and time in which life seemed somehow to have been cleaner and simpler. This way of seeing snow is almost certainly connected to growing social concern about pollution, the environment, and global climate changes, and it may also be interestingly connected to changes in the American sense of national identity and its position as a global power.

(5)

Looking at the history of a particular snowfall, they would probably focus on the "four Ds." What were the dates of its occurrence and its disappearance? To what depth did it accumulate? What was its density, or water content? And what was its duration -- for how long did it snow? Answers to these questions would provide basic information about the impact of snow in a particular geographical region.

For the cultural historian, however, snow provides a window on the history of the interrelation of nature and culture in the United States. The majority of Americans experience some snow every year. Every year, for centuries, snow has changed the American landscape and challenged its people both physically and mentally in different ways. (6) ______

ア But of course snow was always more than an idea or a symbol; it was also weather.

イ Specialists studying weather and climate are interested in snowfalls as physical phenomena.

ウ Next, as creative writers and creative scientists started to look at snow in new ways, a more complicated version of snow in America began to appear.

エ With the start of the transportation revolution, snow became a major headache for the people responsible for the cities, the roads, and the railways.

オ In the third period, as people started to have more leisure time, they learned how to experience snow as entertainment: it became enjoyable as well as troublesome.

カ By examining how Americans know what they know about their snow, we can begin to understand a lot more than the truth about snow itself. We will also learn a great deal about American culture and society.

キ　But for a cultural historian, it isn't enough just to say that "snow is snow" -- a physical thing, part of the weather, nothing to do with culture and society. For the cultural historian, there is much more to snow than that.

ク　Snow in America, though, has always been more significant as an idea than as a physical event, and as a subject of study it belongs to the historians, not to the scientists. It is all about the American imagination, not the American climate.

（2002　東京大学〈前期〉）

どうだろう？　ほとんどの人が見ただけでげんなりした、というのが正直な感想ではないだろうか。これだけの分量を10分そこそこで読んで解決しなくてはならないのか、と考え、やはり東大は無理だ、と思った向きも多いだろう。なるほど、そう考える人には東大は無理である。誤解してはいけない。「速く読めない」からではない。確かにこの問題は10分で解決しなくてはならないのだが、別に10分で「読む」ことは求められていないのだ。この文章に書かれていることのほとんどは、解答を決定する、という視点だけから考えた時、明らかに不必要な雑音である。それを全部読んでいたのでは、時間もかかる上に、必要のない余計な情報が頭にあふれることによって思考力さえ妨げられ、およそ点数にはならないだろう。下手をすれば、ほかの無関係な問題の解答にさえ悪影響を及ぼすかもしれない。だが、そういう無意味な作業をしなくても、この問題を解くことは問題なく可能なのだ。それは、「そうやって解けるように出題者が設計しているから」である。

ではどう解くのか。最初の出発点が意外に重要である。この問題では、選択肢と本文の長さを比べると、選択肢の方が圧倒的に短い。だから、「見比べる」という意味でも選択肢を先に見ておいた方が賢明である。この時点で、すでに解答の巧拙は始まっている。先に本文を見る、という選択をした人は、それだけで時間と頭のリソースを無駄にしているのだ。そこでまず選択肢すべてを眺めて、何らかの文法的な基準によって整理できないかを考えてみる。すると、時制という視点から見ると「過去形」なのがア・ウ・エ・オ、「現在形」なのがイ・カ・キ・クである。

不要な選択肢が二つある、ということを考慮しても、選択肢が「時制」という視点できれいに二つに分かれる、という現象はかなり示唆的である。そこで、時制、という観点から本文を見ると(1)の前後は現在形が続いているが、(2)の少し前の In the first period からが過去形、そのあと(4)の前後までは過去形の文章が続き、(5)の少し前で現在形に復帰し、その後は最後まで現在形が維持される。そう、ここでこの問題の第一のからくりが明らかになった。本文の空所のうち、(2)(3)(4)は過去形、(1)(5)(6)には現在形が入るのだ。すると(2)(3)(4)にはア・ウ・エ・オのうちから三つ、(1)(5)(6)にはイ・カ・キ・クから三つが入ることになる。何のことはない。現在形・過去形のそれぞれの選択肢から「使わないもの」が一つずつ出るのだ。これで話は少なくともそれぞれが $_4P_3$ ＝4×3×2＝24通りになり、２０１６０通りからは大分少なくなったと言えるだろう。

ここからも、内容には入らず、「言葉の性質の整合性」を中心に見ていく。すると、

In the first period, Americans simply survived their snow. Then, in the next period, they gradually began to identify with snow, to think of it as a part of their national identity, a symbol of something clean and pure.

(2)

Snow became celebrated for its multiple meanings and its many faces.

空所(2)に続く部分の記述から(2)にはウ（a more complicated version of snow の complicated「複雑」が multiple「複数の」と対応する）が入るとわかる。

すると、

In the first period, Americans simply survived their snow. Then, **in the next period,** they gradually began to identify with snow, to think of it as a part of their national identity, a symbol of something clean and pure.

(2) Next….

Snow became celebrated for its multiple meanings and its many faces.

右のように In the first period、in the next period との関係から(2)に入るウの先頭の Next は「第3」を意味することがわかり、残りのア・エ・オのうち、使えないのはオだとわかる（オの先頭には In the third period が出てくるが、third period は Next で言われているのでそれ以上出てくる余地がないのだ。すると、(3)(4)にはア・エを入れるとわかり、後は順番だけの問題である。さらに(3)の前後には特に「困った問題」は示されていないため、エに出てくる a major headache は当てはまらない。つまり(3)＝ア、(4)＝エである。

次に現在形の部分に移ろう。すると、クを使うことができないとわかる。過去形の方で使わないものがオであることは既に証明したが、すると当然アは使うことになり、その内容とクの記述は矛盾する（アではsnow was weatherといい、クではsnow is not climateといっている。これは両立できない自己矛盾である）。そこで、イ・カ・キが(1)(5)(6)の答えである。するとまず(5)に入るのがイだとわかる。(5)の次の文の主節の主語はtheyだが、これは前の文、つまり(5)に入る文の主語と一致しなくてはならない。カの主語はweキの主語はitであってtheyでは受けられない。(1)の前で注目すべきはat firstである。これは「はじめのうちは」であるが、これがあるということは後ろに逆接が来るということを意味している。「はじめのうちは」というからには、「後から逆になる」はずだからだ。カとキのうち、キには先頭にButという逆接があるので(1)の解答がキ。残る(6)の答えは必然的にカとなる。これですべての空所が決まり、正解が確定した。しかもスムーズにやれば時間は5分とかかっていないはずである。

こうして解説してみるとわかるが、私は解答するに当たって、この文章を全く読んでいない。だが、これはそういうマジックがたまたまこの問題でできるというだけのことを意味しているわけでは決してない。また、「本文を読まないでも問題が解ける」というような、非現実的な甘言で読者を惑わそうという意図も毛頭ない。そういう、偶然のラッキーに頼らなくても、文整序のような問題で答えに客観性を与えようとすれば、勢いこういう方法で解けるような問題になって

ような問題で答えに客観性を与えようとすれば、勢いこういう方法で解けるような問題になってしまうのだ。事実、東大の過去の問題をどの年度で検索しても、この形式の問題については本文要《い》らず（またはつまみ食い）で解けてしまうのである。もちろん「手がかり」は毎回時制というわけではなく、いろいろな方面から手がかりが得られるのだが、敵が考えていることはいつも一定である。それを見抜けば、見かけの長さと大変さに比して、解答へのプロセスがあまりにも簡単であることがわかるだろう。

⑧解けないことに対する心理的なコンプレックスを刺激する

ストレスの中で

今までの雑音でも大きな効果を発揮していたことだが、一般に学生は（解答者は、と言った方がいいかもしれないが）、「解けない」という事態が好きではない。問題を見た瞬間に答えの手がかりが見つからないと、当然ながら解答者のストレスレベルは上がるのである。もちろん、ストレスレベルの上がり方は、その解答の如何によって解答者の人生が左右されるような場合に顕著である。このあたりが、同じ問題でも、結果を気にせず気軽に解いている場合と試験結果によって人生がかかっている場合で成績に差が出るゆえんである。よく、「試験であがらないようにするにはどうすればいいか」というような質問を受けるが、実はこの質問自体がナンセンスである。

人生を左右しかねない局面にあって「あがらない」人間などいるはずがない。誰だって普段にはないほど緊張はする。だが、逆に言えばそういう負荷のかかった状態で発揮できる能力こそがその人の「実力」である。よく、「あがったから実力が出なかった」などという言い訳を耳にするが、端的に言えばそれは勘違いである。あがって出なくなるということはその人物には実力が「ない」のだ。身も蓋もない話だが、事実である。だからこそその人物に本当に実力が「ある」かどうかを確かめるには、一定以上のストレスをかけた状態でテストをしてみる必要がある。

これはあくまで一例だが、数百人の乗客を乗せた航空機を操縦するとき、その人間の判断には、それだけの数の人命がかかっている。そのような状況で最もよい（あるいは全員が生還できる程度によい）判断を行なうことができるだけの精神力を持たない人間は旅客機の操縦士になってはいけない。試験というものはそういう点を含めた人間の総合力を問うものであるから、擬似的にストレスレベルを上げて反応を見るのは、きわめて合理的な手法だと言える。

解答者を心理的に追い詰める「雑音」

そういう視点から考えれば、これまで取り上げてきた「未知の情報を見せる」「絶対に解けない問題を混ぜる」「分量が多すぎるように見せる」などの雑音の技法も、ストレスレベルを上げるという効果の期待できる方法だが、さらに高度な技というものも存在する。それは「早く正解を得たい」「常識的な納得を得たい」という心の弱さにつけこむという点で、かなりいやらしい方法であるが、言い換えれば「実にいいところを突いてくる」やり方である。

その方法とは、端的に言えば「見せかけの正解を思いつかせる」という方法である。

先ほども書いたとおり、人間は「正解がわからない不安」が嫌いである。そこで無意識に正解を模索するのだが、そのとき参照している情報は実は自分が以前から持っているもの、つまり「どこかで覚えた知識・常識」なのである。勉強においては、自分が既に覚えた知識がそれに当たる。興味深い話だが、人間は全く知らないものを問われたときは割と簡単に自分の知識を「諦める」ことができる。どうせ知らないのだから、いくら思い出そうとしても無駄だ、と気づいて考えを切り替えることが比較的容易なのである。

だが、知っている「つもり」の事柄を問われると、前後関係もへったくれもなく自分の知っている知識を吐き出して安心したがる傾向がある。そこで、たとえばいかにも公式に当てはまりそうな問題を出題してみると、解答者の中には手もなくだまされてしまう手合いが多数いる。

固定観念が生む「思い込み」

まずは算数の問題からいってみよう。算数にはこの手の問題がかなり見られる。そして「私は理系です」などという人に限って、こういう問題で無駄な遠回りをしたりするのである。

下の図のように台形ABECがあり、その中に∠D = 90°の直角三角形が接しているものとする。CEの長さが10cm、ADの長さが4cm、BDの長さが3cmのとき、この台形ABECの面積を求めよ。

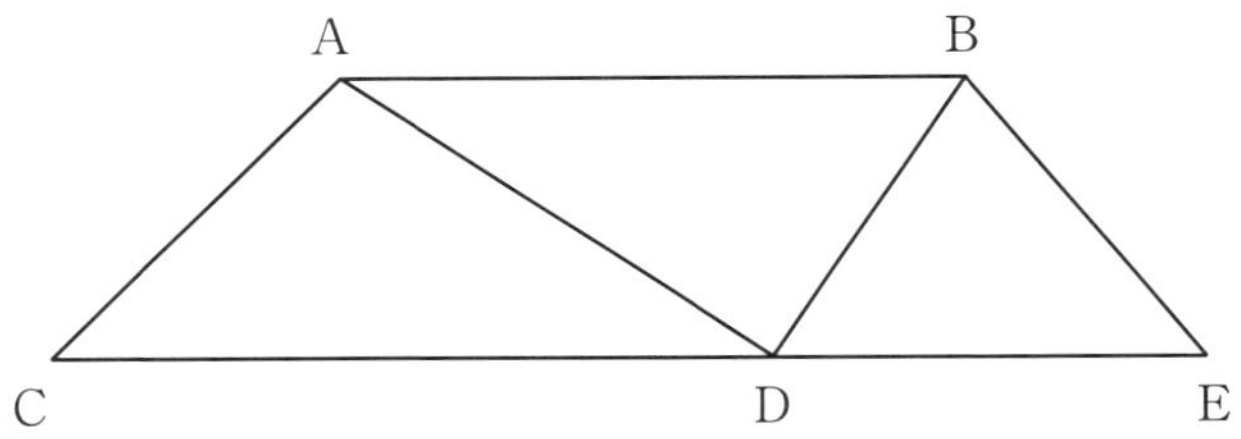

数学から離れて幾星霜《いくせいそう》、という人も多かろうが、そんなに難しいことではないのでよく見ていただきたい。台形の面積といえば「(上底＋下底)×高さ÷2」という公式を覚えている人が多いはずだ。だからこの問題を見たとき、ほとんどの解答者はこの公式に当てはめてみようとする。だが、実はそれ自体がこの問題に掛けられた「罠」である。少し考えてみるとわかるが、なにしろこの公式を持ち出してきて計算しようにも、問題の中に高さが与えられていないのだ（上底ABの長さは$AD^2+BD^2=AB^2$というピタゴラスの定理から、$4^2+3^2=5^2$なので5cmとわかる）。では、高さをどうやって求めるか？　と考えてしまう人は、残念ながら道を間違えているのだ。だって「高さ」がわからなければ台形の面積なんかわかるはずがないじゃないか、と思った人はまさに「常識という名の固定観念」の虜である。そういう人ははじめから高さが出ていないからといって諦めてしまうか、なにやら比を使って小難しい計算によって高さを出すという茨の道へ進むかのどちらかである。

だが、発想を変えてやれば、この問題はあっさりと暗算で解ける。まず直角三角形ABDの面積は$3\times4\div2=6$cm²と出る。すると台形全体の面積は18㎠になる道理である。理由は簡単。辺ABの長さが5cmなのに対し、辺CEの長さが10cmだからである。ん？　なんでだって？　簡単なことだ。この台形の面積は三角形ABDの面積に、それと同じ高さで底辺が合計10cmの二つの三角形ACDとBDEの面積を足したものになる。高さは同じで底辺の長さが2倍なのだから、面積も三角形ABDの2倍になるため、全体としては台形の面積は三角形ABDの3倍になるのである。

この問題の面白いところは、結局最後まで、高さはわからないし、わかる必要はない、ということにある。無理やり台形の面積の公式に当てはめようとせず、目の前の状況を上手に利用すれば余計な計算もなく楽に答えられるのだ。だが、はじめの段階で「台形」という「雑音」に影響されて「高さを特定する」という方向に進み始めてしまうともういけない。人間というのは面白いもので、一度ある方向に進み始めると途中で向きを変えたり止まったりすることがとても苦手なのだ。もちろんこの問題は他のやり方をしても解くことはできるが、それにはより多くの時間と計算が必要となる。残念ながら愚かな選択といわざるを得ない。

目の前の現象を見ることができるか

英語でも似たような問題は数多い。特によく見かけるのが「知っている表現の別の意味」を問う問題である。

次の文章を読み、後の問に答えよ。（学習院大学）

No, Columbus didn't discover America. It's pretty clear by now that Columbus was not the first outsider to set foot in the Western Hemisphere. That (1) distinction belongs to the original human settlers, who probably crossed from Asia tens of thousands of years ago. Or, if we're not talking about the *aboriginal settlers, various "discoverers" have claimed the honor: second century Jews, a Chinese Buddhist who may have visited Mexico in the fifth century, the Irish monk *Saint Brendan, and — most likely of all — *Leif Ericsson and the Norsemen who landed in * "Vinland" in about A.D. 1000. But even if they did reach the American continent, (2) none of them made a big deal about it — which Christopher Columbus, in 1492, emphatically did. He left European settlers and animals behind, he brought native people and odd vegetables back. He told tales of rich lands and potential treasure. He inspired a wave of explorers and adventurers to head west. In short, he had consequences. That is why, 500 years later, the world will take notice.

Notes: *aboriginal = 原住民の

*Saint Brendan = 大西洋を航海したと言われるアイルランド人の聖人

*Leif Ericsson = 北アメリカに着いたと言われるノルウェイの探検家

*"Vinland" = ヴァイキングが使った北アメリカの一部を指す北欧語名

A．下線部(1) distinction と同じ意味で使われている文を次の(イ)～(ニ)の中から１つ選び，その記号をマークしなさい。

(イ) The distinction between prose and poetry is obvious.

(ロ) The king shook hands with everyone, without distinction of rank.

(ハ) There was no distinction in his appearances.

(ニ) He won distinctions for bravery during World War II.

B．下線部(2)の意味としてふさわしいものを次の(イ)～(ニ)の中から１つ選び，その記号をマークしなさい。

(イ) 誰もそれについて大騒ぎをしなかった

(ロ) 誰もそれで大もうけをしなかった

(ハ) 誰もそれによって偉くなった人はいなかった

(ニ) 誰もそれを非難しなかった

なんともよくできた問題である。Aの distinction、Bの make a deal ともに大学受験を目指す学生なら少なくとも一つは意味を知っている表現である。こういう問題に出合うと、いくら「文章の中で考える」というご託宣を知ってはいても、弱い学生は「覚えたこと」に頼って解こうとする。そうするとAでは(イ)(ロ)あたりを、Bでも(ロ)を選ぶ学生がかなりいるはずだ。残念だがそういう解答者には扉は開かれない。

では何を考えて解答するのか。あきれたことに、どちらも下線の引いてある表現そのものは全く使わない。まずAだが、distinction が存在するところにある動詞 belong to に注目する。一般に X belong to Y は「XはYに属する」と訳すが、これを言い換えれば「XはYのものだ」「XはYに支配されている」などの表現に置き換え可能である。さらに数行下に claim があるが、一般に A claim B で「AはBを要求する」である。これを言い換えれば「AがBをよこせと言う」「Aが、Bは自分のものだと言う」などが考えられる。

すると気がつくだろう。「BはAのものだ」が「XはYのものだ」と同じであることに。つまりBとXは同じものなのである。

本文では belong の主語X=distinction、claim の目的語B=honor なので、distinction=honor となる。「名誉」という意味を入れてみて正しく解釈できるのは(ニ)なので、正解は(ニ)である。

もちろんこの distinction は「区別」(distinction を知っている、という学生に distinction の意味を聞くと、必ず出てくるのが「区別」という意味だ)とは直接は何の関係もない。「他と区別できるほど際立った名誉」という意味だと言えば、関連性があると言えるだろうが、それはほとんど牽強付会に近い後知恵である。この文章における distinction の意味は「アメリカ大陸に渡った第一の人間という栄誉」である。

none of them made a big deal

||

which Columbus did

||

In short he had consequences.

→ That is why the world will take notice.

注目

Bでも同じように考える。まず次のように例文を見てwhichの指すものがmade a big dealであることを明確にする。

人間が何かに注目するのは、そちらで「物音がした」からである。つまり、「注目する」へ向かう矢印の根元にいるhad consequences、made a big dealはともに「音を立てる」という意味に関係がある。そういう基準で選択肢を選ぶと正解は（イ）だとわかる。

焦りにつけこむ「雑音」

早く答えを出したい、常識的な線に落とし所を探したいという思いは、次のような問題ではただ単に解答者の足を引っ張ることしかしていない。

しかもおそらく解答中は解答者本人はそのことに全く気づかないまま蝕《むしば》まれていくところが恐ろしいところである。

灯台にまつわる次の文章を読んで問に答えよ。(東京大学)

He seemed to consider it most natural that a boy should come and visit his lighthouse. Of course a boy my age would want to see it, his whole manner seemed to say — there should be more people interested in it, and more visits. He practically made me feel he was there to show the place to strangers, almost as if that lighthouse were a museum or a tower of historical importance.

Well, it was nothing of the sort. There were the boats, and they depended on it.

Looking out, we could see the tops of their masts. Outside the harbor was the Bristol Channel, and opposite, barely visible, some thirty miles away, the coast of Somerset.

問：文脈から判断して，下線部はどのようなことを意味していると考えられるか。最も適切なものを次のうちから選び，その記号を記せ。

ア　Thanks to the boats, the lighthouse was highly popular with visitors.

イ　The significance of the lighthouse was practical rather than historical.

ウ　The lighthouse was worthless compared to museums or historical towers.

エ　Although boats still depended on it, the lighthouse also functioned as a museum.

この問題は、訓練を積んだ解答者にはかなりやさしく「見える」。そしてそのことがこの問題の最大の罠なのだ。もちろん下線部の意味を考えるには、何か手がかりが必要であることは誰でも承知している。しかも、英語の勉強に「慣れた」解答者はそういう手がかりが「同じ形の反復」にあることを知っている。そこで、下線部とよく似た形をその前後で探すと当然次に示す対応に気づくはずだ。

... almost as if **that lighthouse** *were* a museum or a tower of historical importance. Well, **it** *was* nothing of the sort. There were the boats, and they depended on it...

そう、下線部は直前の文の as if 以下と形がそっくりである。そこで it=that lighthouse、the sort は a museum or a tower of historical importance であることがわかり、そこから下線部の意味は「that lighthouse は a museum or a tower of historical importance では全くなかった」になると判断できる。そこまではいい。おそらく東大を受験しようと思い、二次試験にたどり着ける学生なら誰でもわかるはずだ。だが、本当の勝負はここからなのである。果たして that lighthouse は一体「何」でないのか、それがわからないのだ。勘違いしてもらっては困るが「わからない」というのがこの場面における唯一正しい判断なのである。何しろ、historical と of importance という二つのパーツがあるので、一体どちらを否定すればいいのか、下線部からでは絶対に判断できないのである。ところが、人間とは哀しい生き物で、つい自分が普段からやり慣れている方に流れる傾向があり、しかも自分にそういう傾向があるということに気づいていない。そういう人はいつの間にか of importance を否定して「重要ではない」と思い込み、ウを選んでしまうのだ。

「決められない状態」はバイアスという雑音の母

本書の今後の展開においても、ここはとても重要なことなのであえて強調しておくが、私はこの段階でウが誤りであることを証明したとは言ってはいない。ウが正しいとも誤りだとも判断する材料をこの時点では持ち合わせていない、ということを言っているのだ。その理由は、繰り返しになるが、筆者自身が historical と of importance のどちらを否定しようとしているのか、それをまだ語っていないからである。

当たり前の話だが、文章の内容を決めるすべての決定権を持つのは文章の書き手であって、読み手はその与えられた情報を受け取ることしかできない。つまり、情報が与えられなければ判断することはできないし、また、してはならないのである。もし、あなたがこの時点でウが正解であると推測（推測でしかない）しているなら、あなたはあなたの中にあるバイアスという名の雑音に既に行く手を阻まれている。おそらくそういう人はこれまでいろいろな場面で「重要ではない」という言い回しを見てきているはずだ。おそらくは「歴史的ではない」という言い回しを見てきた回数よりはずっと多いに違いない。だが、だからといって、今回の内容が、これまで頻度の高かったものと同一であるという保証は全くないのである。今回の内容はあなたにとって初めて見るものであり、初めて見るものの内容が何であるかは、あなたのこれまでの経験とは無関係に決まるのである。このように、試験に限らず何かを読んでいる場合には途中で「判断停止」を選択しなくてはならない場合がままあるが、大多数の人間はこういう「宙ぶらりん」な状態が苦手である。ここにはこの問いを問いとして成り立たせている大きな鍵の一つが潜んでいると思われる。人間は未知のものを見せられると、早く結果を知って安心したいと無意識に考える性質を持っているらしい。そこで、宙ぶらりんな状態を何が何でも解消するべく、ありもしない妄想を抱いたり、常識という名の幻想にすがったりするのである。

その幻想をさらに助長するのが、先ほど示した「同じ形の反復」を発見したという事実そのものである。その発見自体は極めて正しいことなのだが、でもそれですべてのデータがそろうことは別に保障されていない。だが、せっかく見つけたのだからその中で何とか結論に達しよう、という無意識のバイアスが働く人は、先ほど説明した意識とあいまって、より「常識的」な判断に傾くのである。だが、この時点で判断をせずに次に進むとどうなるか。

... as if that lighthouse were a museum or a tower of historical importance.
Well, it was nothing of the sort. There were the boats, and they depended on it.

下線部の次の文を見てみると、まず「船が何隻もいて」とあり、それに続けて they depended on it とある。つまり「船は灯台を利用していた」のだ。つまり灯台は博物館行きになりそうな過去の遺物（historical）ではなく、バリバリの現役だと言っているのである。ここまで読めば、下線部で筆者が否定しようとしていたのが historical のほうだったことは明らかである。従って正解はイなのだ。

⑨一部にだけ注目させる

これは「手がかり」から解答者の気を逸らすために、手がかりとは無関係な情報にあえて注目させるような手法を言う。ひとつながりの表現の中に別の要素を入れ込んでその流れを分断したり、考えるべき箇所の一部にだけ下線を引いたりして、そこだけに注目させたりする、という手である。簡単に言えば、手品師のよくやる、あれだ。

問：次の文の空所に適切な前置詞を補いなさい。（大阪市立大学）

Mexico is aging five times faster than the U.S., due primarily (　　) a dramatic fall in fertility.

答えは to である。理由は due to という表現の一部だから、なのだが、due と空所の間に primarily が入っているのがミソである。レベルにもよるけれど、このように単語一つでも無関係な表現が入るだけで、つながりを考えられなくなることがある。すると、後ろの a fall だけとの意味の関係から前置詞を選ぼうとしてまんまと罠にはまるのだ。

次の問題は、出題者が意図的に「一部だけ」に注目させてミスリードしようとしている典型例である。

次の文を読み、下線部を和訳せよ。（東京大学）

I want to talk about memory — memory and the loss of memory — about remembering and forgetting. My own memory was never a good one, but such as it is, or was, I am beginning to lose it, and I find this both a worrying and an interesting process. What do I forget? <u>I won't say everything.</u>

なぜ手品師はハンカチを見せるのか

この問題は一見とても簡単な問題に見える。まじめに受験勉強をしてきた学生なら、たちどころに「部分否定」だと答えるだろう。そして「私はすべてを言うつもりはない」とやってしまう。その瞬間にその学生は東大の餌食になったのだ。それでは駄目なのである。なぜか。その受験者は「下線」の持つ落とし穴にまんまとはまったのだ。人間というのは不思議なもので、ある部分に目立つように印がついている場合（たとえば本文の一部に下線が引いてある）、どうしてもその目立つ部分だけに目が行きがちである。そういう人の持つ無意識の傾向に付け込んで出題者が問題の一部に下線を引くのは、ちょうど手品師が目の前でハンカチをひらひらやるのに似ている。

あれ、何のためにやっているかご存じだろうか？　え？　ハンカチにタネも仕掛けもないことを証明するためだって？　まさか、だってそれについては手品師が自分で言っているではないか、「このハンカチにはタネも仕掛けもございません」と。本人が言っているのだから間違いない。そのハンカチにはタネも仕掛けもないはずだ。

では、なぜ意味もないのにハンカチを見せびらかすのか？　もちろん、しばらくあなたにそのハンカチを見ていてもらいたいからである。あなたがハンカチに気を取られている隙に、別のところにタネを仕込むのだ。手品師のハンカチは、いってみれば一種の心理戦である。

本文に下線が引かれている場合にも、同じ効果を狙って、ということがままある。受験者の注意を下線部に集中させ、その間に別のところにタネを仕込むのだ。

この問題におけるタネは、直前の文である。下線部の直前をよく見れば、そこにはさりげなく疑問文が書かれている。英語に限らず、すべての言語には「疑問文があれば、直後に答えがある」というルールがある。このルールに則《のっと》れば、下線部は What do I forget? の答えでなくてはならない。さらに英語には「疑問文と答えは同じＳＶで書かなくてはならない」というルールがある。

二つ目のルールを認識して下線部を見たときに考えられる反応は二種類ある。そしてその反応がその学生の運命を分けるのである。なにしろ、疑問文のSVはI forgetなのに、答えのSVはI (won't) sayで、まったく異なるのだ。これをどう考えたらいいのか。一つは「下線部にはI forgetがないから、おそらくこのルールは当てはまらないのだろう」というもの、もう一つは「下線部にはI forgetがないが、ルールは当てはまるはずだから、何かからくり（見えているものとは異なる真実）がある」という反応である。そして、東大への切符を手にする可能性が高いのは二つ目の反応をする学生なのだ。世の中のルールには、一見目の前の事象と矛盾するように見えるものがある。そういう場合に「安易に」ルールを捨ててしまうような態度は、最も知的でない態度である。

この問いの場合、からくりを解き明かすカギは「省略」である。英語には「同じ形を反復する場合、二回目の一部は省略してもよい」というルールがある。このルールをこの場面で利用し、疑問文のWhat do I forget? の答えであるWhatに当たる名詞が目的語の位置に来るように、everythingの前にI forgetを補ってやる。

I won't say I forget everything.

このように補えてしまえば解答は簡単である。「すべてを忘れる、と言うつもりはない」である。「を忘れる」が入っていることがとても重要である。つまり、直前の疑問文がこの問題を解く鍵だったのである。だが、それが下線部の外にあるために注目しないまま解くと、はじめに私が提示したような実に情けない答えを書き、悲しいことに本人は自信満々で試験場を後にするという事態が発生するのだ。

ルールと現象の矛盾？

ルールと現象の矛盾に対処する方法についてもう少し補足しておこう。ルールと目の前の事象が矛盾する場合、考えられる可能性は三つある。一、ルールが間違っている。二、現象が間違っている。三、現象を見間違えている。もちろん、どの可能性もあるが、まず最初に疑うべきは三の可能性だろう。もちろん一と二の可能性もないではない。だが、どちらも三に比べればはるかに可能性は低い。特に「現実が間違っている」ということはナンセンスギャグや間違い探しのクイズ問題の世界ででもなければ起こりようがあるまい。いくら数えてもどの人間の女性の歯の数も32本であれば、いくらアリストテレスが女の歯の数は男より少ないと言おうと、すべての女性に歯を抜いてもらってその理論に合わせることは非現実的である。

だが一方で、あるルールがこれまでルールとして通用してきたのだとすれば、ルール自体が間違っていると考えるのも早計である。もし本当にそのルールが間違っているならば、あなたに出会うはるか以前に矛盾が発見されて淘汰されていてもおかしくないからだ。だから「ルールと現象が食い違う」という事態に直面した時、あなたがまずとるべき行動は「見間違い」を疑うことであり、ルールや現象を疑うのはそれがすんでからにする必要がある（もちろん、ルール・現象ともに間違っている可能性はゼロではないことにも注意してほしいが）。

一例を挙げよう。英文法には次のようなルールがある。「代名詞には形容詞をかけることはできない。例外は one（ones）と that（those）で、one には前からでも後ろからでも形容詞をかけることができ、that には後ろからなら形容詞をかけることができる」。

毎年授業で教えるルールであるが、ある時、このルールを教えてしばらくしてから、一人の生徒がいかにも挑戦的な態度でやってきて言った。

「先生、代名詞には形容詞をかけることはできないんですよね（人の話にいちゃもんをつけるタイプの人間は、たいていこういう導入を使う。相手の説をまず相手に確認させて言質《げんち》を取った上で、その穴を突こうという腹なのだ。まあ、見え透いた手、というところだが）」

「もちろんそうだね（だいたい何が次にきそうか予想している。あのパターンかなぁ、これだったらもっと面白いなぁ、などと考え中）」

「でも（ほうらおいでなすった。やっぱり逆接だ）、こういう文があるんですよ。どうしてくれるんですか!!（完全に「お前間違っただろう」という口調）」

さてどんな面白い例文を見せてくれるのだろうと思ってわくわくして覗き込むと、こんな文である。

He who is shamed of asking is ashamed of learning.

「これがどうしたんだ？（なぁんだ、期待して損した）」

「だってこの文、who節がHeにかかっているじゃないですか」

「そうだねぇ（あぁあぁ、またこんなの説明させられるのか。めんどくさいなぁ）」

「ほら、代名詞に形容詞がかかることだってあるじゃないですか。（一瞬勝ち誇ったような声がかわいい）」

「な、なんでですか⁉（自分の言ったことが認めてもらえないので、少しびびっている）」

「お前、もしかして間抜けなんじゃないのか？」

「だって、これ教えた通りじゃん（退屈しのぎに、少しいたぶってやるか）」

「なんでですか。先生はwho節がHeにかかっていると認めたじゃないですか。（結局同じことしか言えない。なにしろほかに根拠はないのだ）」

「もちろん（芸のない奴だなぁ）」

「じゃあ代名詞に形容詞がかかることがあるって認めてるんじゃないですか」

「いいや（そろそろ飽きてきたぞ）」

「だってHeは代名詞じゃないですか」

「へぇ。お前、やっぱりつくづく間抜けだな。もう一度考えて出直して来いよ」
「だって」
「だっても明後日《あさって》もないの。頭冷やして出直しておいで。あ、冷やすだけでいいぞ。別に頭丸める必要まではないから。じゃあね。バイバイ」

He の正体

なんて冷たい対応をする先生だ？　とんでもない。必要な情報はしっかり伝えてある。これ以上親切な返事はない。後はそれを学生がどう汲み取るかだけだ。

ところで賢明なる読者の皆さん。私は、この学生にはそれなりに見どころがあると思うが、残念なことに、せっかくの発見を自分の固定観念で無にしているところがある。それはどこだろうか。今私が紹介したやり取りを二分だけ見て考えてほしい。

どうだろうか？　思いつかない？　うーむ、残念ながらそういう人はこの学生と同じ固定観念の虜になっている。もう一度ルールと現象をよく見てほしい。ルールは「代名詞には形容詞をかけることはできない」、現象は、「He に who 節がかかっている」である。ここから出てくる結論はたった一つ。もしそれが見えてこないとすれば、おそらく一つの障害がその結論にあなたが至るのを阻んでいるだけだ。その障害とは、もちろんあなたの固定観念である。もう結論は見えただろうか。そう、ここから導ける唯一の結論は、「この文の He は代名詞ではない」である。このHeは「人」という意味の普通名詞なのだ。

そりゃそうだろう。Heには明らかにwho節がかかっている。しかも形容詞は代名詞にはかかれない。すると出てくる結論はたった一つ。かかっている相手であるHeは代名詞ではない、である。一般の名詞で、whoがかかってくるから「人」を表すが、特に特定の人とは考えられない。つまりこのHeはa personと全く同一の意味を持つ名詞だと考えればいいのだ。Heは代名詞に決まっている、というのはしょせんあなたの、いやその学生の思い込みにすぎない。確かに我々が出会うほとんどのheは代名詞だが、代名詞でなければいけないと誰が決めたのだ。そう、heを普通の名詞と取っていけない道理もまたないのだ。

⑩情報を断片化する

情報の中には、一定の量が集まることで力を発揮するものがある。そういう「全体としては手がかりになるもの」を断片化して与えることによって、それぞれが互いに無関係な情報に見え始め、結果的に個々の情報が無意味に見えるようになる、という雑音の作り方がある。まずは簡単な中学入試で見てみよう。

次の文章を読んで、下の問に答えなさい。

いま、日本にある自転車の台数は８０００万台を越えていて、人口の半分以上の人が自転車を持っていることになる。だが、ヨーロッパの自転車先進国オランダでは、人口1570万人に対して自転車の台数は1700万台もあるという。風車とチューリップで有名なオランダは、干拓によって海を陸地にした土地が国土の約4分の1を占める国だということを、僕は学校で学んだ。干拓で広がった国なら、たぶん坂道などは少ないのだろう。地形が自転車向きだから自転車が多いのかもしれない、と最初思った。でも、本によると、30年ほど前まではオランダも自動車道路をたくさん作ってきたという。ところが、1973年に原油の値段が急に上がった。この出来事の後、自転車専用道路を作り始め、今から約10年前には、本格的に自転車の利用を増やしてマイカーの利用を少なくする計画を実行に移したのだそうだ。

問：上の文章に関して、オランダやその隣の国ドイツで、自転車を交通手段として使うことを積極的に進めている背景には、環境についての厳しい見方があります。ドイツでは、森が酸性雨によって失われかかっているという問題があるのですが、オランダではどのような問題が深刻になってきていますか。上の文章で得た知識に基づいて答えなさい。（麻布中学校――一部改変）

散らばった「手がかり」

この問題のキーポイントは、手がかりになる二つの情報が「本文」と「設問」とに分かれて提示されていることにある。さらに、本文に提示される情報も細分化され、必要な情報がそれ自体提示されているとは言いがたい。しかもいくつもの情報がほとんど無秩序に羅列されているため、何と何を組み合わせると必要な情報が見つかるかが見えにくい構造になっている。さらに、これはある程度大人になった人物の場合は特に引っかかりやすいのだが、「オランダ」という国について特別な知識がない、ということが一種の負い目になってのしかかるという点もある。設問には「上の文章で得た知識に基づいて答えなさい」と書いてあるのに、その地域について無知であるということだけで思考が萎縮してしまうのだ。

落ち着いてまず設問を眺めてみよう。すると自転車を使う背景として「環境についての厳しい見方」という言葉がある。さらにドイツの問題として「酸性雨」という固有名詞（？）が使われていることから、いわゆる環境問題がテーマであるとわかる。環境問題と言えば、「オゾン層破壊」「酸性雨」「地球温暖化」あたりが問題になるだろうという見当がつく。

そこでこの手の問題が影響しそうな情報を本文から取得しにいこう。その時に、無関係な情報を取り除く必要がある（これについては①で語った）。この文章で曲者は「1973年に原油の値段が急に上がった」という記述である。読み進めていくとそのせいで自転車が注目されたと書いてあるし、それは事実であろうが、これはブラフだ。というのも、「原油の値段」はオランダだけの問題ではないからである。設問にはっきり書かれているように「オランダでは」とあるのだから、その問題はオランダ固有の問題でなくてはならない。さて、それがなんなのか、気づいただろうか。手がかりは「干拓によって海を陸地にした土地が国土の約4分の1を占める」という記述である。これは「だから自転車向きの平らな土地になった」という文脈で使われているが、だからといってそれ以外に使ってはいけないというルールもない。もう一度読んでみると「干拓によって海を陸地にした土地が国土の約4分の1を占める」ということは、国土のほとんどは「海抜が低い」ということが言える道理である。海抜の低い国にとって「環境問題」で重大なのは何だろうか。そう考えてもう一度環境問題のリストに目を通すと、「地球温暖化」が目に入る。これのよくある影響として、「海面上昇」があることに思い至った時点で、すべてのパズルのピースが収まるべく収まったことになる。そう、正解は「低地帯の多いオランダでは、温暖化による海面上昇の影響が大きいこと」である。答えてみてわかるだろうが、環境問題に関する一般的な認識以外、「オランダ」という特定の国に対する事前の知識は全く必要がない。その意味でとてもフェアな問題であると言えるが、同時に本文の中に一度も「低」という漢字が出てこないのは心憎い限りである。情報が一つに凝縮された文字を一回でも出してしまえば、この問題はもっとずっと簡単になっていただろう。それをしないところに明らかなる出題者の意図が感じられる。

言及しないのも断片化の一つ

今度は英語の問題を見てみよう。

下の文章を読み、＊マークのついたgoの想定されている行き先を答えよ。なお、現在登場人物たちはある場所に向かって車を走らせているところである。（東京大学）

Every now and then Mrs. Stone had to stop the car so that James could relieve himself behind a hedge. 'What will happen,' he said, suddenly desperate, as he climbed back into the warm car, 'if I want to do that in class?'

'I suppose you'll ask the teacher and he'll let you (*) go.'

'But suppose he won't let me go?'

'Of course he will. Teachers are quite kind, darling.'

'Father said they weren't.'

'Schools were different when he was a boy.'

わかっただろうか。正解はかなり身もふたもない場所なので、種明かしは後にしよう。この問いの一番の雑音は、手がかりが二人の会話の中にはほとんどなく、地の文の中に埋め込まれていることにある。会話に関する問題を問われた場合、つい会話の中だけを見て、そこから判断しようとしがちだが、この会話には「行き先」に関する手がかりはほとんどない。唯一の手がかりは、設問に設定されている文の直前にあるせりふである。しかも、そのせりふは本来一続きになるべきところ、説明の地の文によって途中で分断されている。そのことは、疑問文でないはずのif I want... の末尾に? マークがついていることでわかる。地の文をはずしてせりふを一続きにしてみると、

'What will happen, if I want to do that in class?'

であるが、これを見た時点でdo thatが指すものがわからない、という事態に直面していることがわかる。会話においては、そのときやっていることや目の前にあるものを代名詞で呼ぶことはありがちなことだから、これはその場面におけるI（James）の行動が一つの情報源であるとわかる（手がかりA）。

だが情報源はそれだけではない。会話をする際には二人の話者は必ず同じ表現をやり取りしながら進んでいくので、右の質問に対する相手方（この場合はMrs. Stone）のせりふを疑問文と

並べて見てみよう。

'What will happen, if I want to do that in class?'
'I suppose you'll ask the teacher and he'll let you (*) go.'

上の会話において重要なのはIとdo thatの間にあるS→P（主語→述語）の関係がyouとgoの間にあることである。これが上で私が書いた「同じ表現のやり取り」である。つまりJamesのdo thatがどこかへgoすることであることは話者二人の間にコンセンサスが成立しているのである（手がかりB）。

そこで手がかりAと手がかりBを合体して、この場面でJamesは「どこかへgoした」のだという結論を得る。そこでさらにそれを別の箇所と比べてみよう。その時の最初の手がかりは、はじめのせりふの真ん中にあった地の文である。その部分を引用する。

he said, suddenly desperate, as he climbed back into the warm car

見ての通り、Jamesは車に戻ってくるのであるから、「車の外に出て」いたのだ。するとその前の記述がさらに次の手がかりだとわかる。

Mrs. Stone had to stop the car so that James could relieve himself behind a hedge.

車を止め「なくてはならない」⇒ James が「外に出て a hedge の陰で 何かをする」

つまり、James がやっていることは「車の中ではできない」ことで、「外に出て」「何かの陰で」やることである。しかも James はその名前からして「男性」である。これだけでもう何のことだかわかったと思うが、さらにダメ押しのためにせりふをもう一度見直してみよう。

'What will happen, if I want to do that in class?'
'I suppose you'll ask the teacher and he'll let you (*) go.'
'But suppose he won't let me go?'

日本語にしてみる。「もし授業中行きたくなったらどうするの?」「先生に頼めば行かせてくれるわよ」「もし先生が駄目って言ったら?」

これだけ見ればもうわからない人はいないだろう。そう、James は「オシッコ」をしに行った(relieve himself)のだ。そこで「想定されている行き先」は「トイレ」である。天下の東大が正解に「トイレ」と書かせるのも相当なものだが、これがまさに「あるがままの東大」なのである。言われてみれば誰でもわかるようなことしか問わないが、いざ試験場で出会うと手も足も出ない受験生が続出するのが「東大の問題」なのだ。

では、なぜこんな簡単な問題に解答者が手もなくひねられてしまうのか。その理由は、手がかりが「断片化」されていることにある。まとまった形で書かれていれば気づくことも、文章のあちこちにちりばめてあると一見それぞれ無関係な情報に見えるため、そこに潜んでいる「統一的な意味」に気づく可能性がまとめて書かれている場合に比べてはるかに低くなる。さらにそういう断片化された情報は無意味に見える分だけ疑心暗鬼の元となり、解答者を心理的に圧迫して「知っていることへの傾倒」「知らないことから生じる諦め」を容易に生み出しうる。従って、実際に伝えている内容が高度なことでなくても、単に「優秀に見えるだけ」の解答者の化けの皮を剝《は》ぐには最適な設問を設定できるのだ。

実は、英語であれ国語であれ、いわゆる「小説文」が出題される最大の理由がここにある。論説的な文章では、筆者は一定以上のまとまった情報を一箇所に集中的に出さざるを得ないが、小説文ではむしろそういう「ベタな説明」は避けるのが普通である。小説家は文章の中にさりげなくいくつもの断片的な情報をちりばめ、読者がそれを集めてきて立体化することを期待する。もちろんそれが試験であれ通常の読書であれ、そういう「断片化された情報」を集めて立体的な場面を作り上げるのが小説を読む醍醐味であり、それを巧みに可能にする小説こそが「優れた小説」である（もちろん、それ以外にもさまざまな要件はあるが）。さらに小説には「せりふ」と

「地の文」の混在という別の意味での断片化が頻出する。中には「中間描出話法」などといって特にせりふと断らずにいきなり地の文の中にせりふを混ぜ込む技法まであるため、いわゆる「目くらまし」には事欠かないのだ。

そういう視点から考えれば、小説ほど試験にとって格好の素材はない。東大の英語が毎年と言っていいほど一題は小説、ないしはそれに近いエッセイを出題する事情もこのあたりにあると言っても過言ではないだろう。

⑪消去法——正解を見つけたいというバイアスを利用する

この種の雑音は、通常の教育分野では国語や英語という言葉に関する分野でよく出されるが、実はどういう分野の問題にも応用しうる手法である。これは一般に「消去法」と言われる。消去法、という名前を見れば明らかなとおり、不正解を消去していけば残ったひとつが正解、という技法だが、これは受験者にとって相当大きな雑音になりうる。ほかのところでも書いたが、受験者の心には「なるべく早く正解を見つけて安心したい」という心理が常に働いている。消去法は、この心理に働きかけて受験者の正常な判断力を狂わせるのだ。

次の小説からの抜粋を読み、後の問いに答えよ。ここでは、ある干潟に住む老女のところに、立ち退きを求めに来た新任の市役所の職員とのやり取りが描かれている。

「…………」

初めて老婆が沈黙したので、梶氏は調子に乗ってたたみかけた。

「廃水には、いろいろの化学物質が混じっているのです。だからそれを吸いこんでいる貝なども食べないほうがいいのです」

「おや、まあ」

お治婆さんは頓狂な声で叫んだ。

「この貝にもドクが入っているのですか」震える指で、彼女は佃煮の小皿を差した。「どうしましょう。あたしの責任だわ」

「え？」

「だって日曜祭日には、何百人っていう町の人たちが貝掘りに来るんですもの。今日だってほら、子どもたちがあんなに夢中になって……。さっそく立札を立てなくっちゃ。『工場からドクが出ています。貝を採らないでください』って。ここはあたしの干潟ですもの……、もう間に合わないかも知れないけれど、でも知った以上は……」

新任の〝市役所〟の顔色が変わった。

「そんなこと、まったく必要ありませんよ、おばあちゃん。こうやって毎月厳重に検査を実施しているのは、そのためなんですから。基準値を超えることはめったにないのです。ただ、気分の問題で……」

「おや、そうでしたか」お治婆さんはにっこりした。「気分なら、今のところ上々ですわ」

問：傍線部「新任の〝市役所〟の顔色が変わった」とあるが、それはなぜか。最も適当なものを、次のうちから一つ選べ。

1：勢い込んで口にした、工場から出される煙や水に注意を促した言葉が、工場からドクが出ていると書かれた立札を実際に立てる行動にお治婆さんを誘いかねない事態になったことに驚き、うろたえたから。

2：工場から出る煙や水の汚染は厳重な検査をしているので実際は問題にならないという主張を無視して、工場のドクについての立札を立てるというお治婆さんの行動があまりにも独善的なので、びっくりしてしまったから。

3：工場から出ているドクに対して無頓着なお治婆さんにドクの危険性を説明していたが、思いがけなくお治婆さんが取り乱してしまったので責任を感じ、工場の害を強調し過ぎたことを取りつくろおうと焦ったから。

4：市の意向に逆らい続けるお治婆さんを警戒して訪問すると、気さくに浅蜊の佃煮を勧めてくれる親切な人柄に心を許し始めたのだが、干潟を自分の土地であるかのように言うので、そのずうずうしさに憤りを覚えたから。

5：工場の危険性を説明して干潟から立ち退いてくれるよう説得に来ただけなのに、お治婆さんに町の人たちが採る貝にドクが入っていると思い込ませてしまい、良心の呵責を感じさせてしまったことを気の毒に感じたから。

（２０１１大学入試センター試験・国語／加藤幸子著「海辺暮らし」より）

いかがだろうか。本当の試験はもっと文章が長く、それが手がかりになってここで解くよりは多少やさしいが、この部分だけでも十分に解ける問題である。

他人の感情はわかるのか

この問題の重大な雑音の一つは、その問いかけにある。

問：傍線部「新任の〝市役所〟の顔色が変わった」とあるが、それはなぜか。最も適当なものを、次のうちから一つ選べ。

このような問題文を見せられると、多くの解答者は勝手に次のように考える。「顔色が変わった」ということは、その人物の感情に変化が表れたことを意味する。つまり、この時この人物がどういう感情を抱いたのかを問われているのだ、と。つまり言葉に表れない人物の「感情」を読み取る問題だ、と考えるわけだ。そこで、各選択肢から、この人物の感情に関する記述を抜き出してみる。

1：驚き、うろたえた
2：びっくりした
3：焦った
4：憤りを覚えた
5：気の毒に感じた

確かにどの感情も、それを抱くと「顔色が変わる」ことがあるものばかりである。そこで、どのように感情が変わったかを、その人物のせりふから読み取ろうとするのである。
だが、この時点ですでに解答者は半分くらい罠にはめられている。何しろ他人の感情は、本来わかるはずはない。いくらその人物の言葉を読んだところで、本人が自分でどういう感情を抱いているかを言わない限り、感情などわかるはずはない。それなのに「感情」が問われていると誤解してしまうと、なんとかしてわかるはずのない感情を読み取ろうとして、行間を読む、などという実体のないことをやり、ますます罠にかかるのである。

事実関係だけに着目する

では、他人の感情などわかるはずはない、という前提で物事を考えたらどうなるだろうか。問いにある「顔色が変わったのはなぜか」を、感情の変化に注目するのではなく、具体的にこの人物の何が「変わった」のかに着目すればいい。何しろこの人物は下線部の前でも後ろでも言葉を発しているので、その言葉の内容にどのような変化があるかを見ていくのだ。すると、この問題は実に簡単なからくりを持っていることが明らかになるのである。

はじめに〝市役所〟氏（名前は梶氏というらしい）はこう言っている。

「排水には、いろいろの化学物質が混じっているのです。だからそれを吸い込んでいる貝なども食べない方がいいのです」

つまり、貝には毒が入っている、と明言している。だが、傍線部を過ぎた後で同じ人物がこう発言している。

「そんなこと、まったく必要ありませんよ。おばあちゃん。こうやって毎月厳重に検査を実施しているのは、そのためなんですから。基準を超えることはめったにないのです。ただ、気分の問題で……」

基準を超えることはないから貝は有毒ではない、とはっきり言っている。つまり、傍線部の前と後で、この人物の言っている内容は完全に矛盾していることになる。すると出てくる結論はたった一つ。この人物は、どちらかで嘘をついているのだ。で、どちらが嘘なのか。それは彼の言葉から明らかだ。前半では「化学物質が混じっている」、と言っているだけだが、後半では「基準は超えていない」と言っている。つまり、客観的な根拠を持っているのは後のせりふである。つまり「貝は有害だ」は嘘だったのだ。

そこで選択肢の感情の部分は無視して、事実関係だけを取り上げてみよう。すると1以外の選択肢は事実関係が矛盾している。2は「工場から出る煙や水の汚染は厳重な検査をしているので実際には問題にならないという主張を無視して、」という記述は、この人物の最初のせりふ「貝は有害だ」と明らかに矛盾している。3は「工場から出ているドクに対して無頓着なお治婆さんにドクの危険性を説明していたが」だと、貝が有毒なのは事実だということになる。彼が初めに嘘をついたのは後半から明らかなので、これは本文に反する。4は「干潟を自分の土地であるかのように言うので」とあるが、後半でもこの人物は干潟の所有権について一言も発していない。つまり本文の記述にはないことが書かれている。5は「お治婆さんに町の人たちが採る貝にドクが入っていると思い込ませてしまい」、特に「思い込ませ」という記述が、「自分は毒が入っていると言っていない」という意味になるが、この人物は初めにはっきり有害だと言っているので本文の記述に反する。つまり、感情の内容はともかく、事実関係として1以外はすべて本文の記述に反するか本文にないことを書いてあるかである。1に関しては事実関係は間違っていないので、これだけが唯一正解になりうる。

正直、中学校の入試問題でもおかしくない程度の問題だが、予備校などの評価によると、この問題は「やや難しい」に分類されるようだ。それはすでに説明したように「わかるはずのない他人の心理を推理する」かのように見えてしまうこの問題の見せかけに、解答者の多くはまんまとだまされるからだ。

一方で先ほどの説明を読めばわかるように、出題者は後から誰にも突っ込まれないように、客観的な事実関係だけで勝負している。そこに消去法が含まれると、ついつい相手の術中にはまってしまうのである。

雑音は分類できない

これまで、いわゆる「雑音」を分類してきたが、実はこのような「分類と定式化」を提示することには私自身一抹《いちまつ》の不安を覚えなくもない。このように雑音を分類すると、雑音の種類はこれだけ、と考えて、自分が出会った問題をこのどれかに無理やり分類しようとする輩《やから》が必ず現れるからである。それでは元《もと》の木阿弥《もくあみ》になったにすぎない。雑音の基本的な成り立ちが「解答者の裏をかく」ことである以上、そういう「分類」はだます側を利するようにしか働かない道理である。分類によって生まれた固定観念や常識は、かえって解答者の自由を縛るだけだからである。私としては、ここまで語ってきた「雑音」の形が、我々の思考のエアポケットを突いてくること、ある種の劣等感を刺激する傾向があることを認識してもらえれば十分である。

では、そのような「雑音」をどのように排除してクリアに手がかりを見つけていくか。それが本書後半の大テーマである。

第二部
有効かつ有意義な勉強法

第一章
試験準備に向けた勉強のあり方

数ある「勉強法」

第一部で見てきたように、「問い」というものはすべて、「雑音を排除して手がかりを発見する能力を問う」ものである。一般的なものでも専門的な事柄でも、はてはクイズやなぞなぞの類まで、割りきった言い方をするなら、この能力に長けてさえいれば、ほかの部分に穴があっても正解できる確率は上がるわけだ。そう考えると「良い成績をとる」勉強とは、この理屈を踏まえた上で、何をすればより巧みに手がかりを発見して得点できるか、を追求することに尽きると言える。

もちろんこういう問いの持つ属性に気づいてそれを利用しようというアイデア自体は目新しいものではない。洋の東西を問わず「勉強法」を説いた書物は数多くある。そういう書物はそれこそ玉石混淆《ぎょくせきこんこう》で、中には首をかしげたくなるものもあった。ただし、そういう「インチキ」「おためごかし」に見える方法でも、実はそれなりの計算に基づいている場合がかなりあることも、ここできちんと認めておかなくてはならない。こういう「解法」で、ある意味非常に有名（悪名高いとも言う）なのが、「四択問題の選択肢の正解は前から三番目が多い」というものだ。これなど、そもそも問題の内容を全く無視しているという点で、ただのおまじないにしか見えない。だが、実はこれにも一面の整合性はあるのだ。これは作問者の心理を逆手に取った「解法」だと言える。

私も実際に問題を作ることがあるからある意味よくわかるが、作問する側は正解を「隠そう」とする。つまり目立たせたくないわけだ。目立っていれば、どうしても解答者の目が行きやすくなるからである。すると、最初の選択肢と最後の選択肢には置きたくない、という気分になる。四択なら真ん中の二つのどちらか、ということになるが、解答者に迷ってもらうためには、正解に出会う前になるべくたくさん選択肢を見ておいてほしい、とも考えるので、必然的に三番目に正解を置くことが増えるわけだ。

実際、センター試験の過去問を統計的に調べてみたところ、三番目が正解になっているものが35％以上あったという研究結果もある。四択なら、ある選択肢が正解である確率は25％のはずなので、この差は「誤差の範囲」で片づけることのできるものではない。

正解は三番目？

このやり方は、でたらめに答えるよりほんの数％正解率を上げる効果しかないが、それでも、その問いが全く わからない学生にとっては福音《ふくいん》だと言える。試験全体の中で考えれば、実力でできる問題が六割、解答不能な問題が四割、合格ラインが七割強になる試験を想定すると、四割の問題に対してでたらめに答えればその四分の一で一割が正解、つまり合計七割ちょうどの正解率にしかならず、不合格の可能性が高いのに対し、右の方法で答えると全体の正解率は七割四分となり、しっかり合格圏内に引き上げる力がこのやり方にはある（出題者がその方法を知ってあえて正解の位置を避けてくれれば別だが）。

もちろん、このやり方はそれによって学習者の何らかの能力が向上するわけではなく、単にでたらめに解くより得点向上が見込めるという効果しかない、という点で、私の考えとは相容れない。だが、こういうやり方を単に「邪道」と切って捨てるのも、一種の視野狭窄《しやきょうさく》だということは指摘しておかねばならない。

私自身は右のやり方とは全く異なるアプローチをこれから行うが、「得点力」を高めることは勉強の原動力であり、そこでよりよく点が取れるように工夫するという思想そのものは、実は本来あるべき「勉強」と根柢のところでつながっている、と言って言えないことはないと私は思う。点を取るために、できる工夫は何でもする、という発想それ自体は人間を賢くするのに有益ではあっても有害であろうはずはないのだ。

「必ず」はない正しい勉強法

私自身は、「正解は三番目」には全く賛同しないが、それは、それが愚かしい方法だからではない。ある意味ではそれはとても「賢い」やり方である。だがこの方法はおよそ「教育的」ではない。確かにこの解法を思いついた人間は「賢い」が、その方法を利用する学生の方はと言えば何も考えずにただ「三番目」の選択肢を選ぶだけなのだから、いくらこのやり方をしてもその学生は賢くならない。だから私はこのやり方を否定するのだ。思いついた人間がどれほど賢くても、それを利用する人間を賢くする芽を摘むようなやり方は、アイデアとしては奇抜で面白くても教育方法としては間違っている。

この考え方は、これから始まる本書の第二部を最底辺で支える前提である。というより私が世の中にあまた勉強法の本があるのに、あえてここに一石を投じる意味でもある。実際、世の中にある「勉強法」は、突き詰めれば「正解は三番目」と同じ発想に基づいているものが多い。誤解してもらっては困るが、その勉強法の中身について言っているわけではない。そういう勉強法の多くが、「Xすれば必ずY」という「方法」を提示しているからである。

確かに、「Xすれば必ずY」ならば、それを教わって実践する方は楽である。なにしろ「何も考えなくてよい」のだから。ある前提条件を満たせば「必ず」何かになる、というのは学力貧民、つまり勉強に苦しむ下々にとって福音に聞こえる。いかにも簡単そうだ。だから受けがいい。したがってその勉強法の本は売れる。「Xすれば必ずY」はまさに悩める学力貧民にとっては「神の声」なのである。ついでにそういう「勉強本」を出す出版社にとっても。

危険な神々

だが、あらゆる「神の声」がそうであるように、「神」は同時に「悪魔」でもある。考えてもみたまえ。「Xならば必ずY」を信ぜよということは、思考停止を推奨しているに等しい。それでは、確かに「X」という条件が満たされた時には「Y」という正解を出せるだろうが、XがXに変わった時には対処のしようがない。なにしろXからYに至る場面で自分で考えていないので、前提が変わるとどうすればいいか全くわからないのだ。

そしてもう一つ、すべての「神」が同じ詐欺を働いているように、この「神」も詐欺師である。つまり「Xならば必ずY」という方法論を提示している本人は、実はそこに「必ず」が成り立たないことは承知しているのだ。だが、自ら思考することをためらう学力貧民を信者にするためには、「必ず」をつけなければいけない。「例外」があると信者は不安になるのだ。だから「神」は心の中では例外があることを知りつつ、あえて大声でのたまう。「必ず」と。「絶対に」と。

もちろん、すべての「神」が「神」になりたかったわけではないのかもしれない。私が学生の頃その種の「神」とあがめたてまつられていた、かの梅棹忠夫先生は、その著書『知的生産の技術』の中で、あくまでも一つの選択肢として「カード式」という方法を提唱したのかもしれないが、多くの信奉者の中には先生の意図に反してその著書に示された通りにカードを作るだけで、なにも生産できなかった人が数多くいたに違いないのだ。

だから、私は本書を通じて、決してもう一人の「神」になろうとしているわけではない。結果としての「こうやれば必ずできるようになる」を教えるのではなく、それこそ「正解は三番目の選択肢が多い」でもいいから（うーん、それでいいのかは少し考えものだが）、誰かに言われる前に自分でやり方を思いつくことができるようになるきっかけを与えることが本書の狙いである。だから本書は決して「Xすれば必ずY」を教えるものではない。したがって、単純で易しいが、安楽で簡単ではない。したがってたぶん受けはあまり良くない。だからたぶん、売れない（編集の小宮さん、ごめんなさい）。だから、今後私が何を言っても、それは決して「Xすれば必ず（何も考えなくても）うまくいく」ということではない、とここではっきり断っておきたい。

試験準備の三つの段階

さて、ではおよそ試験を受けようと思う者はどのようにして得点力を高めていくべきか？　ここからは、「試験準備」に焦点を当ててそのための勉強法を提示していきたい。いわゆる受験勉強は、その時系列に従って大きく三つの段階に分けることができる。

(1) 必要十分な知識を過不足なく手に入れる

(2) その知識を活用して目の前の現象を正しく見る観察力を養う

(3) 答えるべき問題を巧みに選択する判断力を養う

もちろん、各段階は完全に独立したものではなく、オーバーラップしている面は大いにある。だが、全体としては試験の準備期間を時系列的にこの三つに分けて考えていくことが成功の第一の秘訣である。

第二章
どのような
知識を
手に入れるべきか

年中同じことをする学生

前章の末尾で「勉強には段階がある」と言ったが、予備校で学生たちの様子を見ていると、「試験準備全体に関するビジョン」がまずほとんどの場合欠けていることがわかる。言い方を換えれば、ほとんどの受験生は、年がら年中同じ勉強を繰り返しているだけなのである。私の専門である英語で言うと、ほとんどの学生は一年中「単語の暗記」と「問題演習」に時間を費やす。

誤解のないように言っておくが、私は決して「単語の暗記」と「問題演習」が無駄だと切り捨てているわけではない。だが、漫然と同じことを繰り返していたのでは、いつまでたっても能力が向上しないのは自明である。

どんなことを覚えるにしても、ものには段階があり、それぞれにやる内容を変えていかなくてはならない。水泳でクロールを覚えるだけでも、「バタ足」「掻き手」「息継ぎ」を段階を追って覚えていく。初心者が全部いっぺんにやろうとしたら溺れてしまうし、かといっていつまでもバタ足だけやっていてもできるようにはならない。どの時期にどういう勉強をすべきかというビジョンは、何であれ技能を習得するには必要なことであり、年中同じことをやっているのは、そのビジョンがないことを最も雄弁に語っている、と言っているだけである。

長いこと予備校で仕事をしていると、生徒もだいぶ類型化できるようになる。「年中同じことをしている生徒」は成功しない生徒の典型例だが、もうひとつ、同じようなのを思い出した。成功しない生徒がよくする質問がある。「一生懸命頑張れば、受かるでしょうか？」がそれである。

頑張れば受かると思い込む学生

もしかしたら、読者の中にもこういうことを考えている向きがおられるかもしれない。そういう人には大変申し訳ないのだが、こういう質問をするということ自体、その学生の基本的能力のどこかに重大な欠陥があることを示している。なぜかって？　はっきり言わせてもらうが、この質問は二重の意味でマヌケである。まあ怒らずに聞きたまえ。第一に、この質問に、その学生はＮｏと答えてほしいのだろうか？　当たり前の話だが、「頑張ったら受かるよ」と言ってもらいたいに決まっている。ほしい答えが決まっているなら、質問しても仕方がない。聞いても意味のないことを聞く、というだけで十分にマヌケの証《あかし》である。

もう一つ、この質問には重大な問題点がある。それは、質問者の期待に応えられなくて申し訳ないのだが、「頑張れば受かりますか」という問いに対する答えは、残念ながら断固Ｎｏなのだ。これは、「頑張っても無駄だ」と言っているのではない。もし難度の高い試験に本気で合格したいなら、頑張ることは確かに必要だろう。だが、ただやみくもに頑張ればいい、というものではない。肝心なのは、「どの方向を向いて」頑張るか、ということだ。考えてもみたまえ。正しい方向に向かって全力で走れば、確かに成功する可能性が高くなるが、見当違いな方向に向かって全力で突っ走ったら、悲惨な結果が待っているのは火を見るよりも明らかである。つまり「頑張る」ことは合格への必要条件ではあっても十分条件ではないのである。合格するには、「正しい方向に向く」ことがまず大切だ。その点から見ると、十年一日のごとく同じことばかりやっている学生は、決して正しい方向に向いているとは言えない、という点で、合格の可能性を自ら引き下げているのだと言える。

ゆるかった大学時代

それで思い出したが、大学時代に面白い経験をした。ちょっと脱線気味になるが、おつきあい願いたい。今でこそ窮屈な時代になったが、私たちの学生時代は激しい学生運動という緊張した時代の直後に訪れたいわば「弛緩《しかん》の時代」だったためか、いろいろなことがかなり「ゆる」かった。だから、東京大学というれっきとした国立大学の正規登録団体に、「中学生向けの塾」が容認されていたのだ。そういういい加減さが昔から東大の良さである。今だったら顰蹙《ひんしゅく》もの（個人的にはそういう窮屈さは好みではない）だろうが、当時は大学の学生課の掲示板に堂々と「卒論書きのバイト」が出ていたりもしたのだ。国立大学のそういう「ゆるさ」は今でも残っていて、つい先日も都内の某有名国立女子大学で、一年以上学校をさぼっていた学生が、改めて留学するため休学許可を求めに担任の教授のところに行ったら、なんとその教授、担当するほんの三十数名の学生の一人が一年以上大学に来ていなかったことを本人に言われるまで「知らなかった」そうである。こういうことをほめそやすと眉をひそめる人がいるのは承知であえて申し上げるならば、これこそが大学の「あるべき姿」である。学生を徹底的に放っておき、本人の好きなようにさせる。それでいながら、「大学生」という体裁のいい身分を与え続け、その人間が有用性の有無と無関係に好きなことをやることを許容する。残念ながら、今の私立大学は商売のことばかり考えて親御の目をやたら気にするので、もし学生がしばらく授業を休もうものならさっそく親に通報するに決まっている。それが今の「サービス」なのだ。だから今の私立大学は、そのほとんどが「大学」の名称に値しない。

大学の自治などという言葉はまさに今ではほとんど絵空事である。それがかろうじて命脈を保っている数少ない場所、それが東大をはじめとする国立大学である。この間も、東大などの研究者が「ウナギの卵の発見」という世紀の偉業を成し遂げたが、考えてもみてほしい。今回はたまたま見つかったからいいようなものの、結果から逆算すると、東大にはいい歳をして「ウナギの卵のありか」を探すことだけに身をやつしている人々がたくさんいる、ということである。お母さん、もしあなたの息子や娘が「便所虫の卵」を見つけるのに一生を使いたいと言ったら、激励する器量があなたにはあるかね? そういう、「何の役にも立たないこと」を研究という名目のもと思う存分やれるところ、それこそが大学なのだ。

司法浪人という罠

閑話休題。問題は私が大学時代に所属していた学内塾団体での出来事である。学内で「塾」という営利事業が堂々と行えたのは、それが学生の福利厚生に役立つ、というわかったようなわからないようなお題目の故《ゆえ》であったが、それかあらぬか、同僚の講師たちの中にはかなりの割合で司法試験組がいた。

今でこそ新制度になっているが、かつての司法試験と言えば合格率2％以下、最難関の試験として有名であったから、当然司法浪人という人々が大量発生する。彼らは建前上（本音もか）受験生であるからして、勉強に専念しなくてはならないが、かれこれ三十近くなって（中には過ぎている者もいた）いつまでも親がかりというわけにもさすがにいかないから、手っ取り早く金を稼ぐ必要があった。それでそういう人々は、こぞって塾の講師になったものだ。中にはミイラ取りがミイラになり、試験勉強よりアルバイトに精を出すうちに、気づいたら司法試験はあきらめて予備校講師になっていたなどという、本末転倒を地でいくような者も数多くいた。

最近、若手の予備校講師に有望株が少ない（らしい）のは、司法試験の制度が変わってこういう人生をなし崩しにしていくいわゆる「司法試験崩れ」が減ってしまったことも一つの原因かもしれない。

ただ、司法試験は制度が変わったとはいえ、当時から実は小声でささやかれていることがあった。それは、受かる人はほとんど受験回数三回以下で受かる、ということである。逆に言えば、三回受けて受からない学生は、まず永久に受からないのである。新司法試験制度で、受験できる回数が三回に制限されたのも（制度としての良し悪《あ》しはともかく）、法曹界には「受かるなら三回以下」という伝承が今なお根強く残っていることを示している。

そんなこんなで、私の所属していた学内団体の塾には司法浪人生が数多く、彼らは寄ると触ると試験の苦労話、やれ覚えることが多すぎるだの、三年じゃ覚えきれないだのと話しながら管《くだ》を巻いていた。

そんなある日、そういう話をそれまで黙って聞いていたある理系の学生が、「そりゃお前たち、言い訳だよ。受かるやつは短期間で受かるはずさ」と言い放った。彼がどういう気持ちでそう言ったかはわからないが、当然ながらその言葉は司法浪人生たちの攻撃の的《まと》となった。彼らはいかに司法試験が難しいか、長期間の勉強が必要か、ということを口から泡を飛ばさんばかりになって熱く語り、いかにその理系の彼が司法試験の現実を知らないかと責め立てた。それを聞いていた理系男は少しけだるそうに伸びをして、答えた。「わかった。じゃあ俺も受けてみよう」。そして約一年後、彼は見事司法試験に合格したのである。

断っておくが、受かった彼も、何年も司法浪人を続けていた連中も、ともに東大生ではある。大学受験という一点に絞れば、ともにうまく闘ってきた連中である。だが、もともと大学で法律を専攻し、しかも試験のために何年も勉強をしている学生が受からない一方で、理系で法学の基礎的素養さえ碌《ろく》に持たない人間が、一年そこらの勉強で司法試験に合格できた、という事実は、合格する勉強の第一は、正しい方向の見極めであるということを如実に示している。理系の彼が特別頭がよかったのだ、というような総括を人は好むが、それでは問題の本質は見えてこないのである。

知識の条件

では、なぜ「正しい方向」の第一歩が必要十分な知識を過不足なく手に入れることなのか。実はここで大切なのは「必要十分」と「過不足なく」である。これはある意味これまで多くの「勉強法」にあった二つの誤った方向に対するアンチテーゼである。その誤った方向とは、知識の必要性を「過大」に重視する、ないしは「過小」に軽視する、という態度のことだ。

内容は何であれ、これまで勉強について言われてきた「神話」はこの二つのどちらかの色を帯びている。またまた私の専門分野である英語を例にとると、「過大」神話の最たるものは古典的な「辞書を食べる」系の話である。「辞書を食べる」というのは、忘れたら二度と思い出せないように、いわば退路を断つために、覚えたページから辞書を食べてしまい、二度と見られないようにする、しかも最後は辞書を丸ごと食べて、すなわち覚えきる、という話である。ここには、差別的エリート主義が我が物顔で跳梁跋扈《ちょうりょうばっこ》していた戦前のカビ臭いにおいが付きまとうが、どう考えても不可能と思われるこのような話の背後には、「問題解決には無限の知識が必要だ」「成功するには覚えるしかない」という愚かな信念が息づいている。「愚かな」といったのは、これは人間の現実を無視した考え方だからだ。その現実とは「人間は一定以上の量の知識を覚えられない」ことである。

考えてみれば当たり前の話だが、人間の記憶容量は無限ではない。それどころか、極めて限られている。むしろ、過去を次々忘れてしまえることが、人間の特技であるとさえ言える。自分の過去の恥ずかしいことや悲しいことを何もかも覚えていることになったら、おそらく人間はその恥辱や悲しみに耐えられず、死んでしまうことだろう。適当に忘れてしまうことができるからこそ、人間は新しいことを記憶できるのである。そういう当たり前の現実を知ってか知らずか、「本気を出せば覚えられるはずだ」などというおよそ不合理で非科学的な考え方が相変わらずまかり通っているのが、我々の住む教育の世界なのだ。

嘘を蔓延《まんえん》させる成功者

このようなバカげた神話が今でも一定の力を持っているのは、「現にそのやり方で成功した」という人間が一定の割合で存在するからであるが、私に言わせれば、この「成功」にはからくりがある。それは、人間の中には元来無秩序に見えるものの中から一定の秩序を見出そうというベクトルが本能的に備わっており、大量の情報に接したり繰り返し同種の経験をしたりすると、その本能のせいで、誰に教わるわけでもないのに自分の得た情報や経験から無意識に有用な法則を導き出し、それを十分にコントロールできるまでに無意識に訓練を積む者が決して多くはないが現れる、という事実である。

こういう人の有害な点は、自分のやってきた方法を意識化できないので他人に理解できるようにそのやり方を伝えることができないばかりか、「自然にできるようになった」などというご託宣にも使えないような説明しかできないことに加えて、自分のやり方を正しいと思い込んでいて、それと同じことができない人間に対して無理解で、同じやり方を全員に強いようとすることである。特に「英語」の世界ではそういう人の割合が多いらしく、英語教師の中には出来の悪い生徒に対して無策かつ無理解な者がかなり見られる。歴史的に見ると、世の教育はほとんどそのやり方で行われてきた。今でも世間的に評価の高い学習塾の中にこのやり方をとっているところがかなりある。これは大量の脱落者を出す一方で、成功者は特権的地位を得られる、という差別的な性質を持っている。この科学の時代にあって、教育は、多くの日常的な病気に対症療法しかできない医学よりもさらに遅れた前近代的な状況からいまだに自由ではない。

勉強しなくてよかった？

もう一つ、知識を「過小」に評価するアプローチは、この前近代的なやり方に対する反発を原動力としているが、無意識な根っこのところでは前者と同じ考え方に立脚したものである。そのやり方とはもちろん、「何も知らなくてもできる」「勉強などしなくてもできる」というものだ。無理やり大量の情報を覚えこまされる勉強に辟易《へきえき》している人々にとって、このような言葉は神の福音に聞こえるのは想像に難くない。実際には福音どころか悪魔のささやきなのであるが。英語の世界でも、やれ「二つだけ知っていればいい」だの、「聞き流すだけでできる」だのといった、「何も知らなくてもできる」系の話はよく本のタイトルなどで見かける。

かくいう私自身『一週間で英語をできるようにする』という破廉恥を絵に描いたようなタイトルの本を恥ずかしながら書いたことがある。出版社には「一週間」は無理だ、と強く主張したのだが、聞き入れてもらえなかった。もちろん内容的にはそれなりの重さのあるものだったが、「一週間」という名前に反してまったく売れなかった。

先輩講師の教え

これに関してまた一つエピソードを思い出した。私が予備校業界で講師として仕事をし始めた当初のことである。その当時人気を誇っていたある大先生に講師室で挨拶をしたところ、何を思ったかかの大先生、「富田君、人気講師になりたくないかね?」と話しかけてこられた。正直「人気講師」に興味はなかったが、何しろ相手は大先生である。うかつな反応をして機嫌を損ねられては大変だ。そこで、当たり障《さわ》りがないように「はあ、結構ですね。ぜひ伺いたいです」と申し上げた。すると大先生、声を潜めてこうのたまわった。「いいかね、生徒が知らないことを授業で話してはいかんよ。すでに知っていること。答えのわかること。これだけを話したまえ。知らないことを話したら、わかりにくい先生だと思われてしまう。知っていることだけ話せば、この人はわかりやすい、と思ってもらえるのさ」「でも先生」と私、「それではいくら授業を聞いても生徒の学力はちっとも伸びないと思いますが」。すると大先生、しばらく考えてこうおっしゃった。「それはいい質問だ」。

楽したい、の矛盾

その教えを守ることなくかれこれ30年、おかげでついぞ「人気講師」とは縁がなかったが、そんな私でも、生徒たちが、いかに「勉強せずにできるようになる」ことを望んでいるかは痛いほどわかった。生徒たちは「××だけやればいい」「この大学は××しか出さない」「××以外覚えなくていいんだって」「そんなのやる必要ないよ。そんなことやるやつは馬鹿だよ」などという言葉が大好きである。しかもそれらの言葉には、「誰かに聞いた」ということ以外、何の論理的根拠もないのだ。しかもその「誰か」さんは同じ受験生だったり、同業者の足を引っ張りたがる塾の先生だったりするのである。

もちろん、彼らの気持ちはわかる。私とて、覚えずにすむことは覚えたくないし、楽はしたい。だが、彼らにとっては残念なことに、それが不可能であることもまた私の目には明らかなのである。それどころか、おそらく彼ら自身、いやもしかしたらあなた自身、それが不可能であることを「知って」いる。いやおそらく自分以外のすべての人間が「楽していない」ことは望んでおり、むしろ当然と思っている。

たとえばあなたは、飛行機に搭乗する時、その飛行機を飛ばすパイロットはプロだと信じているはずだ。まさか、彼ないしは彼女が飛行機の操縦を習いたてで、エンジンの失速と翼の失速の区別もつかない人間だとは思わないだろう。さらにはあなたが腹痛で医者に行ったとき、その医者が「ウイルスには抗生物質は効かない」という事実を知らずにあなたに薬を処方するとは思いもしないだろう。

他人への期待値

もちろん、場所によって多少期待値は異なる。最近の居酒屋の接客係はことごとく大学生のアルバイトで、客に向かって語る一見蘊蓄《うんちく》風の話のほとんどはただ店長から言われたことを棒暗記で丸覚えしているにすぎない。だから彼らをからかうとかなり面白い。

「こちらは奄美の黒糖を使った焼酎でして……」

「へぇ。黒糖って何？」

「ちょっとお待ちください（キッチンに下がる）」

「（やがて戻ってきて）お待たせいたしました。黒い砂糖のことでして」

「へぇ。でもそりゃ当たり前だねぇ。黒糖なんだから。ところで、奄美って何県だっけ？」

「ちょ、ちょっとお待ちください（また下がる）」

相手がアルバイトであれば、からかう程度でいいが、これが一人前のサーバーや板前ということになるとこちらの期待は大きく異なる。彼らが自分の出す料理について丸暗記のあやふやな知識しか持っていないと思う人はほとんどいないはずだ。

また話が脱線気味になったが、ここで挙げたいくつかの例を総括すれば、我々は自分以外の人間にはいつも「完璧」を期待している、ということになる。そうなのだ。我々は自分以外の特に専門家といわれる人々がその専門分野については詳しく知っていることを当然のように期待している。ところが、である。なぜか人は自分のことになると何とかして楽をして、しかも楽をしていない人と同じ結果を求めたがるのである。そのもっともわかりやすい表れが、基本的な努力さえ怠っていながら、いわゆる有名大学の学生になることだけは望むという現象である。かくも弱きものかな人間、といったところだが、そういう無理無体な願望が実現するはずもないことは、実は冷静に考えれば誰でもわかっているはずである。

「苦労しないでできるようになる」という発想の根っこには、実は「なんでも覚えきるのが正しい」というのと同じくらいの選民思想が働いている。そういう発想の背後には「苦労して何かをするのは馬鹿である」「ものにはうまいやり方がある」という思い上がった態度が仄《ほの》見える。確かに私も「無意味な苦労」をするのは愚かであると思うし、ものには「正しい」やり方があることにも同意する。だが、それはすでに語ったように、正しい方向を向いて必要な力を尽くした上のことであって、「何も知らず」「何もしない」でできるようになることはありえない。

必要にして十分

では私が言う「必要十分」で「過不足ない」知識とはどのようなものか。それは一言でいうと「知恵」の種になる知識である。知識と知恵、この両者の関係は第二部の中心的内容であるから、それを一言で語るのは難しい。ここではそういう「知恵」の種になる知識の持っている三つの要素を整理しておこう。

①「コンパクトで統一されていること」
②「例外が少なく、あっても対処しやすいこと」
③「融通が利くこと」

①コンパクトで統一されている

まず「コンパクトで統一されていること」であるが、この前提となるのは先ほど触れた「人間は無限に多くのことを覚えることはできない」という現実である。だから、人間は出会ったことを片っ端から無秩序に覚えていくことはできない。そんなことをしたら、あっという間に記憶容量をオーバーフローしてしまう。だから、我々には本能的に（このことも先に指摘した）複数のものの間にある共通点を見出して類似のものをまとめていく能力が備わっている。私の言う「コンパクトで統一された知識」とは、そういうわれわれの本能をより意識的に使い、データ容量を圧縮することで記憶できる量にまとめた知識、という意味である。

この点で、英語は非常に説得力のある例を提供していると考えられる。日本では、英語は「勉強の科目」である。それも大抵前に「難しい」という形容詞を冠する科目だ。読者の中にも（大人であれ子供であれ）英語に苦労した経験を持つ者はかなりの割合でいるとお見受けする。下手をすると、いくらやってもできなかった、という経験を持つ人も多かろう。その思い出に異を唱えるものではないが、でも考えてみてほしい。英語は、自然言語のひとつである。アメリカだのイギリスだの、英語を母国語とする国に行けば、五歳児でも英語をすらすら話している。アメリカで五歳児が英語ができずに苦しんでいるという話は聞いたことがない（劣悪な環境下での言語習得の難しさ、というアメリカ固有の問題はこの際措《お》く）。つまり、英語という言語は五歳児の理解力と記憶力と判断力だけでコントロールできる言語なのである。第一言語としての言語習得のあり方と、それ以外の言語習得のあり方の違いや、子供の脳の構造云々はこの際考えず、単純に「英語」の持っている知識の量、という点で言えば、それは五歳児の脳内に格納可能な分量でしかないはずである。もちろん、五歳児に言えることには限りはあるけれど、それはほとんど語彙とその理解の問題だけで、言語の骨格となる文法は、五歳児が理解・運用できる程度のものでしかない。現に私も一年間の授業の初めに（一言断っておくが、予備校というところは、一年完結型のところである。私も、春に生徒に出会った時には、生徒はそれこそ「何も知らない」と思っている。そこから一年ですべてを仕上げていくのだ）英語の全体像について話をするが、それは大体二時間半程度の話である。二時間半、という時間を長いと思うか短いと思うかは個人の主観の問題だろうが、一言語の基本骨格が大体二時間半で話し切れる、という事実に注目してもらいたい。実は語学は他のものでも大体同じような程度の知識量しかない。私の例では大学入学後、初めてドイツ語に接した学生に対して、「ドイツ語文法」の授業は大体三か月で、そのあとはいきなり講読に入ったと記憶している。たとえ初めて読んだ本が期待に反してゲーテでもカントでもなく、訳本が岩波少年文庫に見つかる『くろんぼのペーター（当時の題名のまま）』だったとしても。ほかの専門分野でも、その長さに差はあろうが、必ずその知識の全体像はコンパクトなまとまりを持つはずである。

②例外が少なく、あっても対処しやすい

②の「例外が少なく、あっても対処しやすいこと」は、その知識が全体の中のどれだけ広い範囲をカバーしうるかが重要だということである。どんなルールにも例外はある。例外を全く持たないようにルールを作ることはこの現実世界ではおよそ不可能だろう。少なくとも私の専門分野

の語学ではこれは不可能である。

何しろ言語というものは、どこかにコントロールセンターがあって、そこの指令で変化していくものではなく、各使用者の気まぐれが数多く生まれる中から、いつの間にか主流となる発想が統一されてくるという類のものであるから、例外を全く持たないことはあり得ない。だが反対に、例外だらけのルールというのも困りもので、ルールとして使いにくく、知っていても当てにならない。言語に限らず、これから新しくシステムを作るのならともかく、すでにある現実を説明するためのルールには、必ずこの問題が付きまとう。だから、ルールを発見する際には、例外がある程度出ることは覚悟した上で、なるべく広い範囲をカバーするものを考える必要があることになる。

ここで一つ必要なのは、なるべく多くのものを同じルールで説明できるようにするためには、ルールは「ゆるく」なくてはならない、ということである。「ゆるく」することで例外は減り、しかもいろいろな場面で使いやすくなる。だが一方で、ゆるくなりすぎれば、今度は何でもありになってしまい、ルールとして成立しなくなる。ここをどうバランスしてルールを手に入れていくかが肝心なのである。これを端的に表した言葉が「天網恢恢疎《てんもうかいかいそ》にして漏らさず」である。これは、もともと「天界のルールはとてもよくできていて、一見ひどくゆるく見え、いくらでも抜け道が見つかるように見えても、その実なんでもからめ捕れるように作られており、出し抜いたつもりでも結局は捕縛される」という意味なのだが、その意味するところは今私が言わんとしている「知識」の姿にきわめて近い性質を持っている。

③融通が利く

第三の「融通が利く」であるが、これは「例外が少なく、あっても対処しやすいこと」の延長線上にあって、しかも「コンパクトで統一されていること」とコインの裏表のような関係にある。押しなべてこの世に存在するあらゆる生物は、自分が将来経験することをすべて事前に知っておくことなどできない。ネコであれ人間であれ、生きていれば必ず「未知のもの」と出会う。ではネコと人間の最大の違いは何か。ネコは未知なる状況に対処することはできないが、人間は過去の経験を利用して未知なる状況に適切な対処を思いつくことができる、これこそが最大の違いである。この能力を「応用力」という。「応用力」とは「過去の経験を未知の状況に生かす」ことである。間違えてはいけない。過去の経験をそのまま当てはめることはできない。何しろ「未知」、すなわち未経験の状況なのだ。過去にやったことをそのまま当てはめてもうまくいくはずがない。だが、過去の経験をうまく「応用」すれば、今の状況に対応することは可能である場合が多い。それを可能にしているのが、持っている知識が「コンパクトで統一されている」「例外が少なく、あっても対処しやすい」に加えて、「融通が利く」という状態なのだ。

逆の言い方をすれば、「融通が利く」からこそ、知識は「コンパクト」でよく、かつ「例外が少ない」になる道理である。そしてこういう発想で勉強することによって身につくものこそが

「知恵」の正体でもある。

学力の鍵「抽象化」

この、コンパクトな知識を融通を利かせて応用する、という考え方の背後にあるのが、人間の持つ最も大切な、最も引き出すべき能力である「抽象化」能力の養成と活用である。この能力があったからこそ、サルはヒトに進化したと言っても過言ではない。「抽象化」はまさに人類にとってエポックメイキングな進化であった。私が今説明しているすべてのことは、結局「抽象化」能力を養うことと不可分であり、それが達成できることと同時に実現できるものであるし、教育の成功のカギは、どれだけ学習者の抽象化能力を高められるか、あるいはそれが一定以上高い人間を選抜してさらに高める教育を施すかにかかっていると言ってもいい。抽象化とは「表面が違って見えるものの、中身の共通性を見出す」ことだ。

品詞かサルか、それが問題だ

それがどういうことか、なぜそれがそんなに重要なのか、やはり英語を使って説明しよう。英語に限らず、言語を学習するときについて回るのが「文法」であるが、語学が苦手な人に共通しているのが、「文法用語」が嫌いだ、という性質である。そういう人たちにしてみれば、わざわざ「名詞」だの「形容詞」だのと名前をつけて物事を煩雑にしている、ということなのだろうが、私に言わせれば、品詞がいらない、という人は「おサルのままでいたい」と願っているようなものである。すでに述べたが、サルが人間になったのは、「応用力」を手に入れたからである。そして応用力の核心部分が「抽象化」なのだ。

たとえば「富士山」「どら焼き」「おばあさん」という三つの言葉を考えてみよう。この三つの言葉には意味上何の共通点もない。「富士山」は雪をかぶるが「おばあさん」は雪をかぶったら肺炎になって死んでしまう。「どら焼き」は食べられるが「おばあさん」は煮ても焼いても食べられない。「おばあさん」は他人の家のゴミ捨てにも文句を言うが、「富士山」は世界遺産になれないほど全身にゴミを纏《まと》っても文句ひとつ言わない。このままでは「富士山」という言葉を使ったことがあるからといって、「おばあさん」という言葉がうまく使える保証はないのだ。

だが、表面上の違いをはぎ取って考えると、この三つの言葉はすべて「ものの名前」であるという共通点を持つ。その共通点を持つ言葉に「名詞」という名前をつけよう。そして、同じ名前がついたものを、同じルールを使って利用するという取り決めをしよう。そういう約束事を理解すれば、「富士山」を使ったことのある人は「どら焼き」も「おばあさん」も同じように使える。それどころか同じ「名詞」に分類できる何千、何万という言葉を同じように扱うことができる。

つまり、コンパクトな知識でたくさんのものに対処できるようになったわけだ。これによって我々はその乏しい記憶容量の限界を超え、覚えていないことにも適切な対処ができるようになった。一を聞いて十を知るどころではない。「名詞」という言葉を使った抽象化によって一が千にも万にも億にもなったのだ。つまり、サルから人になったのである。

知識から知恵へ

もちろんルールには例外がつきものであり、ルールを教条的に使うだけでは処理しきれないものも必ず残る。だからこそ、ルールを「ゆるめる」のだ。もちろん、ゆるすぎれば今度はルールにならないので、そこのさじ加減が重要である。そして、これが、「知識」が「知恵」になるということの入り口である。

「知識」を「知恵」に変える、という考え方は、本書の骨格となる思想であり、勉強を合理的に進める上で極めて重要なカギである。ここで少しスペースを割いて詳しく説明しよう。

「知識」と「知恵」。なんとなく同じようなものとして認識されているが、この二つは全くの別物といってよい。「知識」とは「単発の情報で、厳密ではあるが、そのもの以外には使いようのない情報」である。簡単な例を挙げればhouse＝「家」は知識である。houseと「家」は一対一に対応し、ほかの何ものとも交わらない。だから「知識」という点ではもはや人間は機械に全くかなわないのである。あなたがいくら努力して英単語の「知識」を増やしても、その知識量は町のディスカウントショップで4980円で売っている電子辞書にも及ばない。つまり人間は「知識」という点では4980円以下だといってもいいのだ。

それに対して「知恵」は「厳密な情報ではなく、曖昧《あいまい》さを持ったゆるい情報」である。同じhouseであっても、house＝「何かの住むところ」といったとらえ方が「知恵」である。正直に申せば、これでも少し明確すぎるかもしれない。「知恵」は曖昧でぼんやりしているが、だからといって何でもいいわけでもない。必ずある一定の範囲の中に入っている。ここが肝心なので覚えておいてほしい。

知識至上主義の不幸——漢字の書き順

どういうわけか、我々は意識レベルでは「知識」至上主義者である。物事を「厳密に」記憶しているのが何より大切だ、と我々のほとんどは思っている。そのひとつの象徴が漢字の書き順だ。考えてみれば、字は相手に判読できるように書きさえすれば、どんな順番で書こうが書く人間の自由のはずである。それなのに、「形よく書くため」とかいう意味のよくわからない理由で、それぞれの漢字には「正しい」書き順があるとされ、小学校（中学校でもか？）あたりでは、それを間違えると試験で○がもらえない、という不可思議な事態が起こっている。それどころか、なんと日本では英語のアルファベットにも書き順がある。外国の文字に対していかにも僭越《せんえつ》な越権行為だが、それだけではなく、その書き順たるやたとえば大文字のMは「まず左の縦棒↓次に右の縦棒」という、イギリス人が見たら卒倒しかねない噴飯ものの順番なのだ。しかも、いくらネットで検索してみても、なぜ漢字に書き順があるのか、に関する説得力のある見解は結局見つからなかった。唯一見つかったのはやはり「字をきれいに書くため」なのだが、私のような悪筆の人間にとって、正直どう書いてもそんなにきれいに書けるわけでもないので、ほとんど無意味である。だから、ある一つの書き順を有難がるのはそれぞれの自由としても、それ以外のものを「誤り」であるとして試験で×をつけるような真似をするのはいくら何でもやりすぎだと私は思う。大人になると記憶は薄れるかもしれないが、特に小学生程度の子供は内容は何であれ「×をもらう」とかなりしたたかに傷つく。何しろ彼らは、自分が「×を与えた」人間の側に能力的問題があるとは思っていないのだ。彼らの年代では、まだ物事の軽重や意味について自分なりに取捨選択する能力はないはずだ。だから大人が「正しい」ということをそのまま受け止めて、場合によっては必要のない苦労までしようとする。私くらい大人になって厚かましくなれば、女生徒に「先生の髪型×。寝癖直した方がいいですよ」と言われても、まあ自分の髪型は自分では見えないからいいだろうと考えて黙殺することができるが、いたいけな小学生にはそんな能力はない。そういう彼らに「きれいに書ける」という程度の、必然性のない書き順（書き順に必然性がないことの証明は簡単だ。何しろ、数年ごとに「正しい」とされる書き順は変わるのである。嘘だと思ったら、親子で「必」を漢字で書いてみるといい）を強要するのは、およそ不見識で有害でしかないと思うのだが、それでも世間ではこの風潮は一向にやむ気配がない。

実は、特に中学入試程度までの試験で「書き順」が問われることがあるのは、「字がきれい」

とかいう教育的事情のせいではなく、国語という科目の性質上、たくさんの問題数を作るのが困難である、という事情があるからだろう、と私はひそかに思っている。大学受験でもそうだが、国語という科目では、長い文章を読ませても問題数はあまり多くできない。特に論説文は、どっちにしてもはじめから終わりまで同じことを繰り返し言っているだけなので、いくら文章が長くなっても内容に関する問題の答えはどう聞いても同じになってしまう。問題数が多くできないと一問当たりの配点が増えすぎて試験としての博打性《ばくち》が高くなる。特にほかの科目との間でバランスを欠くことが多くなる（センター試験でも、現代文の配点は一枝問につき12点だったりする。だから毎年国語で失敗して大ダメージを受ける受験生が続出するのだ）。そこで出題者は目先を変えて、漢字の書き取りとか、接続語句の選択などという出題をするのだが、まだ未熟な小学生相手では出せる漢字の数も限られる。それで、問題数稼ぎの荒業《あらわざ》の一つとして出されるのが「書き順」なのだと思う。出題者たちに表立って聞けば当然否定するだろうが、きっと当たらずといえども遠からずのはずだ。

０・７５メートルの謎

知識至上主義のばかばかしさを如実に示すもう一つの例を挙げよう。警察の交通安全に関する講習会での出来事である（なぜ、そんな講習会にいたのかって？　それは企業秘密だ）。講師たる警察官が、車を駐車させる方法について説明していた。

「いいですか皆さん。歩道のない道路に駐車するときには、路肩から0・75メートル離して駐車するのが正しいのです。いいですか、0・75メートルですよ、0・75メートル。もう一度言いますからね、0・75メートルですよ」

もちろんこれほどまでにしつこく0・75メートルと連呼するからには、それが後で受けなくてはならない試験に出題されるという意味だろう。そのくらいは推測がつくが、問題はそこにはない。このとき教官は0・75メートルという数値は示しても、その数値に何の意味があるのかを説明しなかったのである。説明がまったくなければ、0・75メートルという数字はただの無意味な数字であって、試験までのごく短い期間記憶していることはできても、その後しばらくすると間違いなく記憶から消えてしまう。0・75メートルはただの「知識」である。だが、もしこの教官がこう説明していたら、事態は変わっていただろう。

「歩道がないので、左側に歩行者や自転車、車いすなどが通る余地を開けておく必要があります。車いすや自転車の全幅を考えると、おおよそ0・7から0・8メートルは開ける必要がありますす」

そう、問題なのは0・75メートルという数値ではない。なぜそこに余地を作るか、という理念である。「歩道がない」という表現があることからして、法律の精神としては、歩行者などの保護、という観点が当然考えられる。そういう説明をされていれば、0・75メートルという数値はあいまいになっても、歩道のない時は左側に歩行者などが通れるスペースを空けるべしという理念は記憶に残るはずだ。だが、残念なことにこの時講師役を務めた警察官の頭にあったのは、とにかく最後の試験を突破させることだけだったのだ。問題に0・75だかほかの数値だかを出すのであれば、その数字そのものが問題になる。精神としては理解していても、0・74でも0・78でもダメなのだ。我々が一般に意識レベルでは知識偏重だ、と私が言ったのは、こういう無駄で愚かなことがまかり通っているのは学校ばかりではないことを示さんがためである。

自動翻訳と人の翻訳

では我々は本能的にも「知識」至上主義なのか、というとそうではないことは明らかである。一つ実験をしてみよう。我々が物事を考えるとき、そのほとんどは「知恵」に頼っている。それを逆説的に素晴らしい説得力で示すのが「自動翻訳」だ。この原稿を書いている2012年の時点では、いまだに実用に耐えうる自動翻訳は存在していない。試しにやってみよう。

以下に示すのはApple Inc.の代表者である故Steve Jobs氏（あくまで自称である。偽物かもしれない）がTwitter上でつぶやいたセリフの全文である。本人の承諾は全くとっていないが、引用元を明示してここに掲載する。

The day I was born songs were on records, phones were tied down, computers needed rooms and the web was fiction. Change the world. You can.

一読すると、なかなかいいことを言っている。若い人には希望を与える美しい言葉だ。そこで、それを現時点で一般におそらく最も普及していると考えられるGoogle翻訳というソフトで日本語化してみる。商売敵《がたき》のGoogleに翻訳されることをAppleのJobs氏が喜ぶかどうかはともかく、その結果は以下の通りである。

私が生まれた曲された日は、レコードにあった、電話が縛られ、コンピュータは、部屋の必要なWebはフィクションでした。世界を変更してください。することができます。

（すべてGoogleママ）

いかがだろう？　誤植だらけの文だと思ったのではないだろうか。でも、これがかのGoogleが提供するれっきとした日本語訳なのだ（もちろん無料である。だから笑っていられる。有料ならあからさまな詐欺だ）。しかも、一つ一つのパーツを見ると、そのパーツの「知識」は正確である。Googleには「知らない単語」などは存在しない。まさに、Googleは何でも知っている、である。だが、その正しいはずの知識を組み合わせた日本語は、確かに漢字かな混じりで書いてはあるが、日本語として何を言っているのか全くわからない。では、人間の頭で処理した正しい訳はどうなるのか。

私が生まれたころ、音楽はレコードで聞いたし、電話は有線だったし、コンピューター一台は何部屋もふさぐほどの巨大な機械だったし、ウェブなどというものは夢物語でした。世界を変えましょう。あなたならできます。

（訳：富田）

こちらは一読して何を言わんとしているのかがよくわかる。どうしてこれだけの差が出るのか。そこにこそ「知識」と「知恵」の重大な違いの秘密が隠れている。この文の解説が本書の目的ではないので一箇所だけ指摘するとphones were tied downの部分で、tieに対する「機械」と「人間」のとらえ方の違いがよく見て取れる。「知識」ではtieは「縛る・結ぶ」である。そこでwere tiedを見たGoogleは「電話は縛られ」としている。だが「知恵」ではtieはもっとずっとゆるく、「二つ以上のものが、ひものようなもので結びつけられている状態」を指す。しかもわざわざ時制を過去形にしていることで、「今は違う」というニュアンスを強く出そう、と考えると、電話機に昔あって今はない「何かが（ひも状のもので）つながった状態」とは「有線」だったことを指すと理解できる。つまりいくつかの「ゆるい理解」が重なって一つの明確な像を結ぶのだ。だから結果的に何のことかがはっきりわかるのである。このような「知恵」とそれに基づく判断は、まだ今のところ人間にしかできない技である。

これでわかったように、我々が正しいと信奉する「知識」は実は我々の助けにはあまりならず、あいまいで頼りなげに見える「知恵」こそが我々を助けてくれるのである。私などが仕事柄よく耳にする「いくら単語を覚えても英語ができるようにならない」という愁訴は、実はここのところ、つまりやるべきことは「知識」の暗記ではなく「知恵」の習得なのだということを、全く理解できていないがゆえに生じる誤解に基づいたものだ。

知識ではなく知恵を

このあたりまでで、私がよいと考える「必要十分で過不足のない知識」がどんなものか、かなり明確になってきたのではないだろうか。簡単に言うと、私が身につけてもらいたいものの本当の名前は「知恵」である。あえて「知識」という言葉を使ったのは、より一般受けする「知識」という言葉を使って入った方が、話を持っていきやすかったからにすぎない。そこで改めて定義すると、「必要十分で過不足のない知識」とは「抽象化によって物事の共通点を抜き出したもので、コンパクトで統一性があり、ゆるくて曖昧だがきちんとした範囲を持っており、融通が利いて多くの事柄に柔軟に対応できるもの」だということになる。この「定義できるが柔軟である」という一見矛盾するように見える状態は、結果としての知識の中身だけではなく、物事に向かう時の我々の態度としても極めて重要なものであると私は思っているのだが、話の都合上それは少し後回しにして、とりあえず勉強の手順についての話を進めよう。

全体から部分へ——指導者の条件

ここまで述べてきた考え方に基づいて勉強を始める場合、以後の成長の核になる「必要十分で過不足のない知識」を身につけるにはいくつかの心がけが必要になる。その第一は、「全体から部分へ」という発想で物事を見ることである。実はこれ、学習者が自分ですべてやるのはかなり難しい。

何しろ初心者には自分の取り組んでいる事柄の全体像など見えるはずもなく、しかもいきなり「全体」という大量の事柄を飲み込むこともできないから、勢い「端の方から少しずつ」というやり方になってしまわざるを得ない。そのまま独学を続けるとしばしば「群盲象を撫づ」（大勢の目の見えない人たちが象に触ってどんなものか知ろうとすると、触る場所によって印象が違うので、結局象の正しい全体像はつかめない、というたとえ話）状態になりやすく、どの部分にどれだけの割合の重さをあてがっていけばいいかさえわからないので、勉強が徒労に終わりがちである。

ではどうすればいいか？　私のような者がこう言うのは口幅《くちはば》ったいのだが、やはりよい指導者を選ぶのが最も効率がよい。反対に、何かを教える職業の人々に言っておきたいのは、この部分、つまり「全体像をまず把握させる」ことに長けていると、職業的成功がかなりの確率で約束される、ということだ。

一般に、「教師の良し悪し」を語るのに「例の出し方が巧みである」とか「話の持っていき方がうまい」という基準がある。そういうストーリーテラー的要素は確かに重要だが、「話が面白い」ばかりでは結局生徒を成功に導くことは難しい。自分の教える科目の全体像をまず掌握し、それをかいつまんで、しかも後から有効に部分とリンクするように教えていけるだけの力量を備えることが、教師としては何より重要だ。

生徒に合わせた指導??

親御としては、「合格を保証する」だの「生徒一人一人に合わせた指導をする」だの、美辞麗句ばかりでできもしないスローガンに惑わされるのではなく、それぞれの科目の内容・指導手順・目標に対する明確なビジョンを持ち、それを正しく説明できるような教育機関を選ぶことが重要だと思う。おそらくどのような専門分野でも、「これだけは押さえなくてはならない」という肝心な部分は存在する。それは「誰がやろうと」同じであり、「一人一人に合わせる」必要などない。むしろ学習者側がそれに合わせていかなくてはならないのだ。そういう点だけ考えても、

「生徒に合わせた指導」という文句そのものがその教育機関の定見のなさを露呈させているにすぎない、と私は思う。少なくとも私はそういうことをしゃあしゃあと謳《うた》う教育機関に自分の子供を通わせたいとは思わない。

複数の教師の見解を聞こう

学習者としては、自分がやっていることがその科目の全体とどう結びついているのか、それを絶えず意識させてくれるような指導者を選ぶべきだ。そういう時、指導者は一人の人間、一つの団体である必要は全くない。複数の人間から話を聞き、それを整理することで合理的な全体像を見出すことは十分に可能である。私などの業界にいると、よく「複数の教師の話を聞いて混乱した」という声を聞くが、申し訳ないがそういうことを言う人は科目の能力以前にもっと基本的な情報処理能力が欠けている。同じものでもその「右側に立って」見た場合と「左側に立って」見た場合では表面上の見え方は当然違う。だが、それを矛盾なく融合することによって、それは立体的な像を結んでくれるのだ。我々は目でものを見る場合、まさにそういう行動をしている。同じことを脳がやればいいだけのことである。

もちろん、教師の中にはいろいろ「政治的な」意図を持った発言をする人間もいるだろう。だが、それは聞き流せばいいだけのことだ。人間の(もちろん私も含めてであるが)与える情報には、必ず何らかのバイアスがかかっている。そのバイアスを打ち消すには、別のバイアスを持った人の話を聞けばいい。

知性の基本――やじろべえの精神

「必要十分で過不足のない知識」を手に入れる上で重要なもう一つの態度、それは「やじろべえの精神」である。もちろん「やじろべえの精神」と言っても何のことかわからないだろうから、順を追って説明しよう。「やじろべえ」は誰しも知っているはずだ。綱渡りの選手のように左右に伸ばした手に重りの付いた小さな人形で、たいていの場合、足先はとがっている。その部分を台の上にのせると、やじろべえはゆらゆらと揺れ続けるが、決して倒れることはない。そう、「ゆらゆらと揺れ続けるが絶対に倒れない」ことが「やじろべえの精神」である。「揺れ続ける」＝「融通が利く」「ゆるい」であり、「絶対倒れない」＝「常に一定の範囲内にある」である。つまりここで私が言いたい「やじろべえの精神」とは、先ほど私が「知恵」の定義に使った「ゆるやかだが、常に一定の範囲にある」という性質と見事に一致している。

「やじろべえの精神」は、意識して訓練すれば特別な才能がなくても誰でも身につけられる能力だが、実はかなりハードルの高い作業である。それには二つ理由がある。一つは「やじろべえの精神」は一見矛盾した二つの態度を同時にとることだからである。昔の偉い人の言葉を引用することで、その矛盾に見えることを明快にしよう。一つは「動かざること山の如し」である。これはもともと「集団が乱れずに団結していること」を表すのだが、それはすなわち、外からの働きかけがあっても考えを変えない、という態度を表しているともいえる。一方に「君子豹変《ひょうへん》す」という言葉もある。「立派な人は同じ考えにこだわらず、間違っていると知れば平気で前の考えを捨てる」というものである。「やじろべえの精神」は「動かざること山の如し」でありながら同時に「君子豹変す」を求めるものである。矛盾するようにみえることを求められて混乱する人が出るのもある意味当然で、これが第一のハードルである。

もう一つのハードルは学習者のメンタリティにある。前にも書いたとおり、学生は「必ず」「絶対」という言葉が好きだ（学生が好きな言葉がもう一つある。それが「完璧」である。「この問題集を完璧に仕上げればできるようになりますか?」という質問は年に二十回は聞く。そのたびに私は心の中で「完璧にできるのかい? 大体、完璧って何?」とつぶやいている）。曰く「……すれば絶対受かりますか?」「……の場合は絶対これなんですね?」そう、学生たちは「Xが来たら必ずY」という論理が好きである。なにしろ「必ず」=「正しい」であるから、「二つの条件が当てはまれば、何も考えなくても答えはあるもので正しい」と考えたがるのだ。その根っこをたどれば、要するに学生たちは、安心したいのである。まあ気持ちはわかる。右も左もわからない場面では人は不安であり、一刻も早く「これで正しい」と思って安心したいのだ。だから学生は「絶対」が好きなのである。いや学生に限らない。人は「絶対こうなる」が好きだ。そこに宗教のつけ込む余地が生まれることはすでに書いたとおりだ。

手を離そう

子供の頃、誰しもジャングルジムに登ったことがあるだろう。そこで、思い浮かべてほしい。ジャングルジムのてっぺんに足だけで立ち上がることを。これはかなり怖い。なにしろ手でつかまるところがないので、危うげで不安なのだ。もしそこに一本だけ長い柱が立っていたら誰しも柱にしがみつきたくなる。これこそが、多くの学習者の精神状態なのだ。何かにしがみついて、「これだけは絶対倒れない」と信じれば安心するのである。だが、それではその柱が倒れると一緒に倒れてしまう。それどころか、その柱の届く範囲からは一歩も出られなくなるのだ。足場の悪いところで自由に歩き回るためには、「何にもつかまってはいけない」のである。足場の悪いところで何にもつかまらずに立つことが、「やじろべえの精神」の意味であり、自らを成長させようと望む者は進んでその状況に自らを置かなくてはならないが、そのためには「転ぶことに対する恐怖心」を克服する必要がある。これができないと、いくら知的な面での進歩を図っても情緒面でついてこられない、ということになりかねない。で、はっきり言うが、このあたりがまさしく「親の出番」である。

親の出番

わが子が大事なご両親にはぜひご活躍をお願いしたい。まず一つは「失敗させること」である。

人はなぜ倒れることを恐れるのか。それは倒れたら「痛い」、つまり回復不能なほどひどいダメージを受ける、と予想するからである。だが、実際に倒れてみると、確かにダメージは受けるものの、それほどひどいことではない、ということが体で理解できる。次に向かう勇気はそこから生まれるものだ。だから子供、わけても幼い子供には、どんどん失敗させるといい。この時、大事なことは真剣にやらせることだ。真剣にやったうえで失敗することが大事なのである。あ、別に成功することを心配する必要はない。全戦全勝の人生などというものはあり得ないので、子供はどこかで必ず負ける。たとえそれがおもちゃの取り合いでも、バレエの発表会の主役の奪い合いでも、中学受験でもだ。子供なりに真剣にやらせておけば、必ず何かで失敗してくれるから心配する必要はない。

最もいけないのは、子供が失敗しないように先回りして手を打とうとしたり、いかにも親が成功させようと必死になっているというさまを子供に見せたりすることである。親の手配が奏功して成功してしまえば子供は失敗の味をいつまでも覚えられず、かえって失敗することに対する想像を膨らませて恐怖心を募《つの》らせてしまう。反対にそれで失敗すれば子供は「親の期待を裏切った」という強い痛みを覚えて、ますます失敗を恐れるようになる。

子供の行動に期待はしてもいいが、手は出さないこと。それが丁度いいバランスである。そうやって適度に失敗させておけば（考えてみれば、子供のころの失敗に「取り返しがつかない」ものはそうそうない。アメリカのような銃社会では、親の拳銃をもてあそんで兄を撃ち殺した、などという取り返しのつかない失敗もありうるが、それにしたって極めて例外的である)、やがて子供は「失敗してもそんなひどいことにはならないんだ」と思うことができる。

子供を肯定するのが親の務め

そしてこの「失敗を経験する時期」の子供たちの親にはもう一つ重大な役割がある。それはその子供を、その出来不出来とは無関係に全面的に受け入れてやることである。これは正直、大学受験生でも通じる話だ。家庭から外に出ると、子供たちは「自分が一番なわけではない」という現実を突きつけられる。

間違ってもらっては困るが、世の中でもその子が一番であるという幻想を与え続けるために親がでしゃばってはいけない。そういうのをモンスターペアレントと言う。どんな世界であれ、子供はその世界では一番ではない。そしてどんな人間にも代わりはいる。合衆国大統領でも、死ねば副大統領が職務を代行するのだ。子供が均衡のとれた自己認識を持てるようになるためには、この現実と向き合うという通過儀礼は何にしても必要である。

そうやって世の中の容赦のない評価の中に晒《さら》される時、子供のよりどころとなるのは家庭、いやはっきり言えば自分を産み育んでくれている親である。「たとえ世間の評価が何であれ、お前が一番だよ」と言ってやれるのは親しかいないではないか。たとえ兄弟がいても、一人一人はみんな違い、比べられる存在ではない。それこそ可能なら一日一回、「お前が世界一だ」と言い続けてやってほしい。自分を無条件に全面的に受け入れてくれる場所がある、と知るだけで、子供は自分に誇りを持てるようになる。均衡のとれた自己認識を持ちながら自分に誇りを持てるようにすることが、結果的に子供の知性の発達に最も貢献するのである。

そういう過程を経て自信を身につけた人は、やじろべえの精神を獲得しやすくなる。「動かざること山の如し」であると同時に「君子豹変す」になれるのだ。この矛盾しているように見える状態を解決するのは実は簡単なことだ。「動かない」の定義が問題なのである。動かない、というと我々は完全な静止を意味する、と考えがちである。それこそが「厳密さ」を求めすぎる誤った精神の表れだ。「動かない」のはある一定の範囲を出ないことであって、その中で揺れ続けることは問題がないのだ。強風の中ではかたい木の枝より柔軟な柳の方が折れにくい、という考え方でもよい。いずれにしても「厳密さを求めすぎず、ぼんやりとした状態を残しておく」のがコツである。

辞書を引くのは怠け者

このような「ゆるみのある知識」の例として、私が英語の授業で生徒たちに教えている「記号にして覚える」という発想を紹介しよう。使う表現は depend on である。

英語の授業中、学生にdepend onを知っているか、と質問すると、ほとんどの学生は「知っている」と答える。そこで、何を知っているのか、と問うと(注意してほしいのだが、決して「意味はなんだ」とは私は聞かない)、ほぼ全員が「『依存する』です」という。おっしゃる通り。では『依存』って何? と聞くと、面白いことにそこで行き詰まる学生が多い。話がまた本筋からそれるが(それはあくまでも表面のこと。本当は外れていない)、英語の教師をしていていつも思うことは学生が日本語を「知らない」もとい「理解していない」ことである。私に『依存』って何? と問われた時、生徒たちは彼らの「知識」にアクセスしようとしている。だが、彼らのほとんどの「知識」では『依存=いぞん』という読みが出てくるだけである。それが何のことかは、問われたこともなければ考えたこともないのだ。だから一番よく私がもらう答えは「『依存』は『いぞん』ですけど」である。読んだだけじゃないか、それでは。

そこで私は彼らに言う。あのね、知っている、ということはそれについて説明できる、ということなんだよ。特に言葉の場合、小学校四年生の相手を想定して、そいつに説明できれば意味がわかっていると言っていい。小学校四年生じゃ依存という漢字はやってないと思う。だから、その子供たちに「ねえ依存(いぞん)ってなあに?」て聞かれたらどうするんだよ? これでほとんどの場合、教室は凍る。何しろ、そんなこと考えてみたこともないのだ。すると、学生たちは面白い行動をする。何をするかって? 考えているふりをしながら時間稼ぎをするのだ。おそらく、これまでも常にこうしてきたのだろう。そのやり方は実に手馴れている。つまり彼らは内心思っているわけだ。「どうせ自分では答えはわからない。少し経てば先生が答えを言うから、それを待てばいいや」いや実に情けない。彼らにとって授業とは、「出来合いの答えを教わる場所」であって、「自分から何かを発見する場所」ではないのだ。

そうそう、もう一種類の学生がいる。そいつはこっそりこっちの目を盗んで辞書を（しかも今はたいてい電子辞書だ）引いて意味を確認しようとする。その学生のことをあなたはどう思うだろうか。え？　授業中こっそりやるのはいただけないけど、辞書を調べるんだから熱心な学生じゃないかって？　それはとんでもない間違いである。その学生は、手に負えないほどの怠け者である。

こう言われるとたまげる人が多いが、よく考えてみてほしい。辞書に載っているのはしょせん他人の意見である。本当かどうかも保証の限りではない。自分で考えるという手間をかけることをせず、わからないことがあるたびに他人の意見を聞いて回り、したり顔でそれを口にする人のことをあなたは尊敬できるのだろうか？

もしあなたの隣の席の学生が、知らないことがあるたびにあなたを突っついて、「ねぇねぇこれなあに？」と聞いてきたら、あなたはしまいに立腹するだろう。「なんでそんなにいちいち聞くんだよ、少しは自分で考えたらどうだ？」と。

〝ダメもと〟という積極性

え？　知らないことなんだから、考えてもわかりっこないって？　それはどうだろうか。今問題になっているのは『依存』という漢字の熟語の意味である。誰しも知っていることだが、漢字にはそれぞれ意味がある。しかもその意味はその漢字を「訓読み」すると出てくる。これはほぼ常識である。「登山」は「やまにのぼる」だ。そう、だから『依存』という漢字の熟語の意味を知りたかったらそれぞれの漢字を訓で読んでみればいい。もちろんそうやったからといって意味が出てくる保証はない。でも、どうせわからないならやってみてもダメもとだ。最近の学生たちの哀しい点の一つは、こういう考え方さえしないことである。わからないのだから、そのままならどうせ点にならない。だったら何かをやってみてもよくはないのか。やってみてダメでも、点が減ることはないのだから。

ところが多くの学生は「やってみてうまくいかないといやだからやらない」とのたまう。誰がこんな風にわがままに育てたのだ？　責任者出て来い状態である。いいかね、この本を読んでいる学生諸君、あることを知らない時、打てる手があるなら打ってみるのが当然である。何しろ、やってダメでも失うものはないのだ。で、万が一にもうまくいったらめっけもの。ぜひそういうさばさばした物事へのアプローチを身につけてもらいたいものだ。

で、問題の『依存』だが、それぞれの字を訓読みするとどうなるか。『依』は「よる」、『存』

は「ある」である。つまり『依存』とは「寄りかかっている」ことだ。ある教室で、この話をして、一番前の学生に「知っていたか」と尋ねると、「今気づきました」と言った後、彼はためらいがちにこう言った。「あの、僕の名字は依田なんです。」これは嘘のような本当の話だ。それまでその「依田君」は自分の名字の一文字が使われている『依存』の意味について考えてみることもなかったのである。広い教室で最前列に座るくらいなのだから、いわゆるまじめな学生であろうということは想像に難くないが、それでもこういう体たらくなのだから、全体は推して知るべしである。

記号という名の抽象化

脱線はこのくらいにして本筋に戻ろう。さてこれで英語の depend on は日本語では『依存』、すなわち「寄りかかっている」という意味であることが分かった。だが、ここで考えを止めてしまうと、そのあと出てくる数多くの depend on に対処するのは難しい。日本語でも『依存』という言葉は決して使いやすい言葉ではなく、使える場面はかなり限られる。そこで、もう少し考えを進めよう。こういう時具体的内容が伴っていると考えの純度が低下するので、depend on の前後に来る表現は仮にX、Yとして内容を考えないことにする。するとX depend on Y という表現が出来上がり、素訳では「XがYに寄りかかる」だ。これを図形的に頭の中に描いてみよう。

これで見ると明らかなように、Xがこの後どうなるかの運命はYが握っている。Yがこのままの位置で動かなければ、Xもこのままでいられるが、もしYが右方向に滑ったり倒れたりしたらXは倒れてしまう。

ここからさらに拡張するとX depend on YではX＝「子亀」、Y＝「親亀」という関係が成り立つことがわかる。だって、子亀は親亀に寄りかかっているではないか。いわゆる人間の親子関係でも、学生時代、特に高校生くらいまではほとんどの家庭で子供は親に経済的に寄りかかっている。この状況では、親亀（＝Y）がこけると子亀（＝X）もこける。この時大切なのは「こける順番」である。必ず親亀（＝Y）の方が先で、子亀（＝X）の方が後だ。つまり「Yの状態に

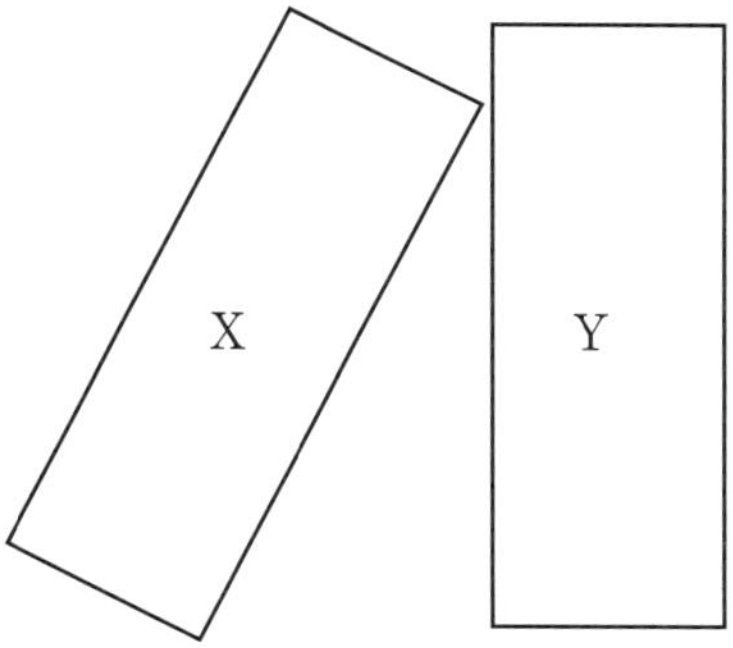

X depend on Y

応じてXが変化する」というXとYの関係がここには描かれている。それをさらに図で表すと次のようになる。

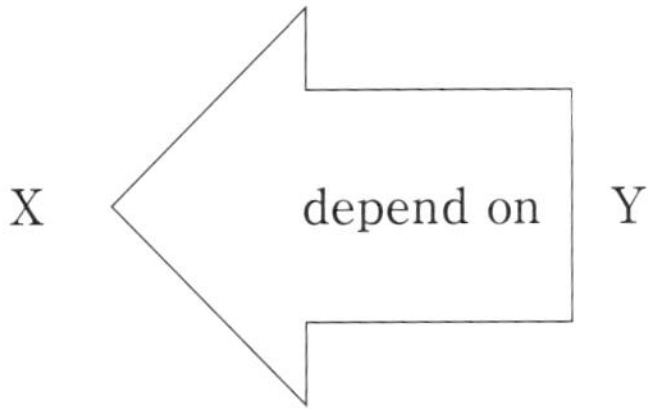

このように、depend onは一種の「左向きの矢印」であることがわかった。そして状況によってはYに来るものが変化すればXが変化する関係であることもわかった。このようにして我々はdepend onを「知る」。

このような知識を持っていると、depend onが使われるたびに、その基本は変えないまま、訳語という表面は自由自在に変えることができる。

(1) Everything depends on your choice.

(すべては君の選択にかかっている)

(2) Democracy depends on the belief that every man is created equal.

(民主主義は、万人は生まれながらに平等だという考えによって成り立っている)

(3) His reputation as a lawyer will depend on how he will deal with the case.

(彼の弁護士としての評判は、その裁判をどう乗り切るかで変わってくるだろう)

(4) 'Can I ask you a personal question?' 'Well, it depends.'

(「立ち入ったこと聞いてもいい？」「内容によるよ」)

(5) A good friend sometimes depends on whether he listens to you earnestly or not.

(相手の話を熱心に聴くかどうかで、人は親友になったりそうでなくなったりすることがある)

日本語訳を見てみると皆別々の言葉が使われているが、depend on が作り出している関係自体はいつも一定である。つまり depend on を訳語という固定的なもので覚える代わりに記号という融通の利きやすいもので覚えたことで、言葉に対処する方法にそれだけ幅が出たのである。私がこれまで語ってきた勉強の第一段階の「知識の習得」とはこういう「ゆるやかで融通が利き、だが常に一定の範囲に収まる」ように物事を覚えていくことであり、まさに「やじろべえの精神」を具現化したやり方なのである。

特に語学の場合、我々は外国語の表現と一対一に対応する日本語の言い回しを見つけてそれを覚えようとする。もちろん、中にはそれでうまくいくものもある。だが、記号というより抽象的で融通の利きやすいものに変換して覚えておく方が、実際にその表現を使う場面でよりよく行動できる可能性があることがわかってもらえたと思う。

そして、このように覚えるべき対象をなるべくゆるめて融通の利く形に変換して覚えるというやり方は、一度何かの勉強で慣れるとほかの勉強でもやりやすくなる。ぜひ早めに身につけてもらいたいものである。

話したいことは尽きないが、いつまでも「知識」の話ばかりしていたのでは話が先に進まない。これからは勉強の第二段階、すなわち「観察力の養成」について話すことにしよう。

第三章
観察力とは何か、
いかに
手に入れるか

観察力——成績向上の最大の鍵

私のような語学の教師をやっていると、よく「語学は知識があればできる」と信じている人に出会う（ここで言う「知識」の種類はこの際問わない）。つまり「覚えていれば」「知っていればできる、というわけだ。残念ながら、こういう人は決定的に間違っている。なぜか？　もちろん成功するには「知識」に加えてもう一つ重要なポイントがあるからである。それが「観察力」、すなわちものを見る目である。

なぜそんなに観察力が必要なのか？　簡単な話である。知識があっても、その知識をその部分で使うのだということに気づかなければ宝の持ち腐れだからである。実際、問いに答えることに失敗する場合、我々のほとんどは何かを見落としているのだ。

だが、考えてみると「見落とす」というのは実に始末の悪い妖怪である。何しろ気づいていないのだから、対処のしようもない。場合によっては、試験が終わった後も、何を見落としたのか気づかないことさえある。だからたとえば試験で不合格になっても、そういう学生は何が悪くて不合格になったのかさえわからないのである。本書の第一部で出てきた「雑音」の多くも、それによって解答者に目くらましを与え、本当に見るべきところを見えなくする働きを持つものが多かった。でも、ほとんどの受験生はそういう目くらましが行われていることにすら気づいていないから、そもそも「気づく」ことが重要だとわかっていない。

人々が学習の場において「観察力」に注目しない一つの原因が、皮肉なことに「観察力がないために、観察力が必要だということに気づかない」という自己撞着状態にあると言える。

観察力は教えにくい

「観察力」が重視されにくい原因はもう一つある。実はこれ、「教える」ということができないのだ。だから、教える側、つまり学校・塾・予備校にとって始末の悪いものなのである。「知識」ならその質はともかく、紙に書くなり何なりして目に見える形で提示することができるが、いくら指導者でも予言者ではないのだから、試験前に先回りして「××に気づけよ」と教えることはできない。先に「合格を保証」を謳う予備校がうそつきだと書いたのは実はこういう事情による。あらかじめ「気づくべきこと」を教えられない以上、学生の合格を完全に保証することなど、論理的に不可能なのである。

だから、おそらく私の知る限り、「観察力」に焦点を当てて学生を指導する、ということは体系的にはほとんど行われていない。だが、第一部で述べたように、入試問題は野原に咲いている花ではない。作った人間がいる。その人間は、解答者が正解にたどり着けるだけの手がかりを与えながら、それを雑音でかき消して見えにくくしているのだ。雑音を乗り越えて手がかりにたどり着くためには、何より「観察力」を身につけなくてはならないことは、本書の読者ならすでに理解していただけるだろう。

人間が気づく二つのもの

ただ、観察力が重要だからといって、第一段階の「知識の習得」を経ずにそれをやるのは不可能である。突然だが、人が気づくものにはどういう特徴があるか、ご存じだろうか。実は人間は二種類のものにしか気づかないのだ。一つは「普通と違うもの」、もう一つは「あらかじめ警戒しているもの」である。

人は「普通と違うもの」に気づく。そう、反対に言えば、普通のものには気づかない。たとえば、「今日、街で三人目にすれ違った人の上着の色は何色でしたか?」と聞かれても、ほとんどの人は答えられないだろう。すれ違った時見たはずなのに。

だが、これはある意味で無理のないことだ。すれ違う時に見たのは間違いないのに覚えていないのは、その人物の服装がごく「普通」だったからである。人間は「普通」のものには興味をひかれない。だからしっかり見なかった。だから覚えていないのである。

もし三人目にすれ違った人物が鎧兜《よろいかぶと》を身につけていたらどうだろうか？　もちろんそれはかなり珍しい。普通ではないからこそそれは強くあなたの印象に残り、その結果記憶しているはずだ。だから人は「普通と違うもの」に気づくと言えるのである。

だが、「普通と違うもの」に気づくためには「普通」が何であるかに関するしっかりした認識が必要だ。服装であれば「普通」は普段から見ている人々の服装、ということになろうが、勉強の場合、その科目・分野の「普通」というのは、基本となるルール、すなわち我々が学習の第一段階で身につけておくべき知識である。基礎知識がないと「普通」に対する認識がないため、「普通と違うもの」にも気づきようがないのだ。

もう一つ、人は「あらかじめ警戒しているもの」に気づく。これの最もわかりやすい例が北朝鮮の不審船だ。かの国にはいろいろ問題があるらしく、日本にもあれこれと被害をもたらすが、一時、何らかの理由でかの国からスパイや密輸品を乗せたと思われる船（漁船程度の小さいもの）がよく日本近海に現れて騒ぎになっていたことがある。まったくあの国はとんでもない、と思った人へ。それはそれで結構だが、一つこの話には不思議な点がある。何しろ不審船とはいえ、その船は漁船並みの小舟である。それに対して、「海は広いな大きいな」なのである。いくら日本海が比較的範囲が狭いからといって、さすがにどこかでざっと見渡して小舟が見える、というわけにはいかない。

広大な海洋の中で木の葉のごとき小舟をどうやって見つけることができるのか。からくりは「あらかじめ警戒していること」にある。

軍隊、というと銃器を持ってドンパチやる集団、というイメージが強いが、近代的軍隊をなめてはいけない。戦闘部隊はごく一部である。実際には軍隊の部隊の多くは戦闘とは直接関係ない行動をしている。その中の一つに偵察衛星の画像解析がある。仮想敵国の上空に人工衛星を飛ばして写真を撮り、それを分析する仕事だ。アメリカ軍には戦地には全くいかず、日がな一日そういう画像解析ばかりをしている人がかなりいる。

そういう偵察衛星の一つは北朝鮮の港を狙っていて、地球を周回する際、数時間に1回の割合で港の写真を撮ってくる。そして解析係はその写真に映っている船の数を数えるのだ。場合によってはかなり長い間数が変わらない時もある。それでも彼らは決して解析をやめない。そしてたとえば動きがないまま47日が過ぎた後、ある日の画像で船の数が一艘減っている、とする。当然解析係は考える。消えた船はどこに行ったか？　沈没してしまったわけでなければ、出航したに違いない。しかも8時間で船が進める距離は限られている。そこでその範囲に空中警戒機を飛ばしてしらみつぶしにその海域を調べるのだ。

だから大海原であのような小舟が発見できる（それでも必ず、というわけではないらしいが）のである。だから「予め警戒」していれば当然気づきやすくなるのだ。

では、何を「予め警戒」すればいいか？　もちろん分野や科目によって具体的事情は異なるが、それは最初に知るべき知識の全部ないしは一部であることは間違いない。だから、何も知らないで観察力を高めることはできないのだ。

英語の場合、あらかじめ警戒するのは「日本語と違う分野」である。もちろんこれは学習者が日本人だからである。日本語と英語にはいくつか重大な違いがある。この部分は言ってみれば日本語には「ない」わけで、当然われわれ日本人はそういう部分に関する感受性をもともと備えていない。だが英語を考えるときにはその部分が重大な意味を持つ。しかも出題者はそういう部分を狙ってくるのだ。そこでそういう部分を特に強く警戒するようになれば、相手の狙っている手がかりを賢く見つけ出すことが容易になるのである。

そして学校・塾・予備校が観察力という面で何かの具体的な手がかりを提示できるとすれば、それはこの部分になる。ただし、そうであっても教える側としては、そういう「注意すべき項目」を列挙して練習することくらいしかできないのではあるが。

観察力を高める三つのキーフレーズ

では、合理的な努力によって観察力を高めることはできないのか？　もちろん、先に書いたとおり、「保証」は無理である。だが、かなりの確率で気づく能力を高められる考え方はある。それは大きく三つにまとめられる。そして、それを根底で支えているのが再び「抽象化」と「やじろべえの精神」である。まずは三つを列挙しよう。

①目の前の現象を正直に見る

②答えではなく、手がかりを探す

③ほかの何かを持ってきて比べる

上の三つはどれも学習者の知性を高めていくという点で極めて重要なものばかりであるが、一読しただけではその重要性はおろか、そもそも何を言っているのかさえわからないかもしれない。順を追って説明しよう。

①目の前の現象を正直に見る

目の前の現象を正直に見る、と聞いて、なんだかひどく当たり前のことを言っているな、と思う人もいるだろうが、どうしてどうして、これっぱかりのことができない人がほとんどなのである。最初のハードルはもちろん「見る」である。困ったことに、多くの人は目の前にあるものを見ていない。ここで言う「見る」というのは、単に目に映っている、という意味ではない。見えているものの持つ意味を認識している、ということである。それができない人が実に多いのだ。

目の前の信号は赤だった

とても単純な例を紹介しよう。大人なら多くの人が経験したことのある試験の一つに、運転免許の試験がある。これは与えられた記述を読んで、それが正しいか否かを判定するもので、問題は100問あり、合格ラインは私の記憶では90%であった。90%と言うと難関のように見えるが、そもそも二択なのででたらめに答えても50%は正解する理屈であり、しかもその問題はほとんどが実にわかりやすいものであった。中でも啞然としたのは、次のような問題があったことだ。これは私自身が免許を取った時に受けた問題で、あまりにもばかばかしいので強く印象に残ったものである。

問い：交差点を通行中、前方の信号は赤だったが、左右を目視で確認すると他の交通がなかったので、左右の安全を確認して直進した。◯か×か。

問題そのものにも驚嘆するが、なんとこの問題の正答率は100%ではない。少なくとも私の隣に座っていたおばさんはこれを間違えた。何しろ彼女は不合格が不満で、私に試験後この問題のことを話しかけてきたのだ。「これ○ですよね？」「え？　×だと思いますけど」と私。「何がいけないいんですか？」「だって、信号は赤だって書いてあるじゃないですか。」「あ！　ホントだ！ひどい、この問題ひっかけだわ！」私は心の中で、そんなわけないだろ、と思ったが、あえて何も言わずに黙っていた。簡単に言えば彼女、後半の「他の交通がなかった」「安全を確認して」だけを見て、前半にある「前方の信号が赤」という記述を見落としたのだ。

見えている「つもり」

いや本当に、ある意味自戒を込めて言うのだが、人間は目の前にあるものを実はほとんど見ていない。だからこういう本を書いて、いくら校正をしても必ず誤植が残るのである。「この点は要注意かと考える」が「この点は幼虫以下と考える」になっていたりしても、著者本人は全く気がついていない、ということがままある。著者自身は頭の中で正しい言葉が響いているため、目の前で変換されている言葉がおかしくても（今も「変換」が最初「返還」だった。返してどうする）気づかないことが多い。

これが私の専門である英語になると、外国人である日本人の場合、症状は一層重くなる。具体例を挙げてみよう。

問い：空所に正しい一語を入れよ。

He works at a factory. This means that he has a (　　　) at a factory.

こういう問題を出すと、必ずworkと答える人がいる。まあ英語から離れて幾星霜、という人はそれでも仕方がないが、それなりに英語と接している人で、ここにworkを入れる人はおそらく見る目がない（「知らない」という恐怖の可能性もないではない。でも、それ自体、普段から何も見ていないことの証だ）。外国語学習の場合、とてもよくあることなのだが、人はその文を「見ている」つもりで、実はその文を自分の母国語に訳したものを「見て」いる。右の問いの場合、我々日本人はこの文を「彼は工場で働いている」。これはすなわち、彼は工場で（　）を持っているということだ」と思っているわけだ。すると空所には「仕事」が入りそうである。それでworkと書くのだが、それすなわち、何も見ていないということである。

なぜか？　英語には日本語にはないいくつかの性質がある。それは「英語」のままで見ないと気づきようのないことである。もう一度問いの文をよく見よう。すると空所のところはa（　）となっていることがわかる。こうして抜き出せば気づく人も多かろうが、aがついているのだ。英語の名詞には「数えられる」ものと「数えられない」ものとがあることを知っている人は多いはずだ。そしてworkの場合、「数えられる」場合は「作品」という意味で、「仕事」になるのは「数えられない」名詞の場合なのだ。冠詞のaがつくのは「数えられる名詞」の単数形の前と決まっているので、「仕事」という意味の単語を入れたいなら、ここにはworkは使えない。正解はjobである。

英語の解説が主なテーマではない本書では、ほかの可能性については特に言及しないが、少なくともoccupationは駄目である。occupationだと先頭がoという母音なので、冠詞はaではなくanになるはずだからだ。

眼前のものが発する情報をくまなくとらえる

これらの例でわかったように、私が言う「見る」というのは、目の前にあるものが発している情報をくまなくとらえる、ということであって、目に映っているということとは全く異なる。そしてこの意味においてものを「見て」いる人は、実はかなり少ない。まあ日常生活の中では、むしろ見逃すことが多い方が平和に生きていける可能性もないとは言えない（お父さんの上着のポケットの中身など、見ない方が幸せでいられる公算は高いですよ、お母さん）が、何らかの試験を受けようとしているなら、少なくともその試験に関係する範囲では見る目を養っておかなくてはいけない。

特に第一部を読めばわかるように、出題者は様々な技を使って手がかりを隠してくる。だが一方で、解答不能に陥らないように手がかりの痕跡をどこかに残す。その痕跡から手がかりを引き出す「見る目」こそが、実は出題者が解答者に求めている能力の一つであり、出題者の関心事なのだ。たとえば先の英語の問題で出題者である私が見たかったことは「名詞の種類」と「冠詞」に関して正しい認識を持っているか、である。これこそが「出題者の意図」である。つまり「出題者の意図を見抜く」とは、とりもなおさず与えられた情報をしっかり見る、ということなのである。

「正直に」見るとは？

さて、では見る能力があれば、それで万事解決かというと、それは違う。「正直に」見ることがもっと大切である。そしてこれは勉強という作業の中で、最も難しい要求の一つでもある。単に「正直に」見ることの何が、なぜ難しいのか。そしてなぜこれを乗り越えられる人間が、本当の意味で知的になる資格を得られるのか。それを考えてみよう。

目の前にあるものを見たとき、そこで起こっていることが自分の知識やそれまでの経験と食い違うことがある。その場合どうするか？　もちろん選択肢は二つ。「知識を捨てて目の前の現象に従う」か「目の前の現象を知識に合うように歪《ゆが》める」かである。もちろんこういう言い方をすれば誰でも自分は「知識を捨てて目の前の現象に従う」と答える可能性があるが、いやいやどうして、人々が実際にとるのはほとんどの場合、後者の態度だ。つまり、出会ったことを、自分の知っていることや経験から正しいと信じていることに合うように変えようとし、それがうまくいかないと、現象それ自体を間違っていると言って否認してしまうのである。

辞書という名のアイマスク

その典型的な例が、辞書を持って質問に現れる学生だ。そういう学生は、我々が単語に関して何かを教えると、いかにも不満、という顔をして現れる。彼らが決まっていう言葉はこれだ。「先生はさっきの授業中××という単語は○○だとおっしゃいましたが、辞書には□□だと載っていました。どうしてくれるんですか⁉」このときの「どうしてくれるんですか」は明らかに非難の口調である。「お前おれに嘘を教えやがったな」というわけだ。

なぜそんなにも学生が辞書を盲目的に信奉するのか、私には理解できないが、おそらくこういうことを言うと、そういう私が理解できないと思う読者が数多くいるはずだ。そう、人々は思っている。もしかしてあなたも思ってはいないか。辞書に書いてあることは絶対に正しい、と。

そもそも人は活字に弱い。活字で書いてあるだけで、それは正しい権威のあるものだと考えてしまう。それに加えてその文書の名前に「辞書」だの「辞典」だのという文言がついているともういけない。はなっから疑うことをやめてしまうのだ。だが、辞書が実際にどう作られているのかを知れば、そんなことは到底できないとわかるはずだ。言ってはなんだが、いま日本で売られている辞書の多くは、ほとんどが大学院生のバイトで書かれたものであり、しかも別の辞書のパクリである。

誤解のないように言っておくが、別にだからといって世間で売られている辞書がどれもこれも間違いだらけだ、というような言いがかりをつけるつもりは毛頭ない。大学院生にバイトでやらせるとはいっても、一応彼らも専門家の端くれではあるし、その上研究者たちがコントロールするのだから、どの辞書も概《おおむ》ね正しいと言っていい。でも「概ね」と「絶対に」との間には天と地ほどの開きがある。

ところが、学生、いや学生のみならず一般の人々でも、活字で書かれた辞書の内容は疑わず、目の前で展開されている現象の方がおかしいと言い張る人はかなりの割合に上る。そういう人々を見ていると、いかに「固定観念を疑うことが難しいか」を痛感させられる。

アリストテレスの呪縛

一度など、こんなことがあった。ある学生が東大の過去問を持ってきて言った。「先生、ここにUnless it were necessary と書かれていますが、辞書には unless は仮定法では使わない、と書いてあります（一言断っておくと、単数形の it が主語なのに動詞が複数に対応する were なのは、「仮定法」だと考えないと解決できない）。どうしてくれるんですか?」

「どうしてくれるって、これはアポロ11号のアームストロング船長が実際に言ったセリフだろ?」

「でも、unless は仮定法では使わないと辞書に書いてあるんです。おかしいじゃないですか、この文は！」

そこで思わず私は言った。

「あのな、君。アリストテレスは知っているか？」

「もちろんです」

「そうか。かつてアリストテレスは言った。『女の歯の数は男の歯の数よりも少ない』とね。でもね、実際に調べてみるとね、歯の数は、人間の男も女もついでにチンパンジーもみな同じで32本なんだよ」

「はあ」

「でな、君なら次の二つの可能性のうちどちらを選ぶね？　可能性その1『アリストテレスは間違っていた。彼はカミさんの口の中を覗いて、その歯の数を数えてからものを言うべきだった』。可能性その2『現実が間違っている。世の中のすべての女たちは、アリストテレスの理論に合うように、歯を抜かなくてはいけない』。どっちだ？」

「もちろん1が正しいと」

「だろ？　じゃあ今の君の状況を考えてみよう。君の持っている英和辞典は言いました。『unlessは仮定法では使わない』。で、アームストロング船長は言いました。『unless it were necessary』。他にもそういうことを言うアメリカ人はたくさんいます。可能性その1『辞書が間違っている。もっと実際の英語を調べてからものを言うべきだった』。可能性その2『アームストロング船長以下アメリカ人は間違っている。彼らはもっと英文法を勉強すべきだった』どっちだと思う?」

思い込みという罠《わな》

もちろん、このような学生を一概に愚かと非難することもなかなか難しい。というのも、我々は誰しもこういう罠にはまる可能性があるからだ。それを「決してない」と言い切る自信は私にもない。もし、自分は絶対にそうはならない、と断言する人がいたら、その人物の自己認識には重大な問題がある。だってそんなことは不可能だからである。

過去の人間の発見、業績のすべてを自分で検証する時間もエネルギーも持ち合わせない人間は、そもそも先人の知識を「ある程度」は信用しなければやっていくことができない。私もそれを否定するつもりはない。だが、それは「ある程度」で留めておくのが正しいのだ。「絶対に」正しいと考えるようになると、右に挙げた学生の例のように愚かな間違いをしても気づかないからである。

だが、ここで意外と問題なのは「絶対に」という言葉の目に見えない強さである。たとえば、改めてあなたに「偉い昔の人の言ったことは『絶対に』正しい、と思いますか?」と問えば、あなたはおそらく警戒して「そんなことはありませんよ。私はそんなに頑迷ではありません」と答えるだろう。それはまず間違いない。だが、改めてそう問われるのではなく、さりげなく「先人の知識」を利用する際、実は我々はそれを「あえて疑う」ことはしないのだ。そして、あえて疑うことをしない、ということは、絶対正しいと思っていることと同値なのである。

コロンブスよ、お前もか

その愚を犯した有名人の一人に、かのChristopher Columbusがいる。彼が本当はインドに行くつもりで結果的にアメリカ大陸を発見した、というのは有名な話だが、なぜ彼が「インドに行く」つもりになったのか、について、面白い指摘がある。彼は「当時流布していた地図を信じて」西へ行けばアジアにたどり着けると思った、という説だ。15世紀の中ごろに流布していた地図は、すでに地球が丸いことを前提として作られていたが、なんとその地図によれば世界のほとんどは陸地に覆われていることになっていた。当然、その地図ではヨーロッパとアジアは目と鼻の先という位置関係で描かれている。コロンブスはそれを見て、アジアに行くつもりで西へ旅立ったのだ、という。

そう、あなたは「地図」を疑うだろうか。たとえば、受験生が最寄り駅から試験会場までの地図をもらったとき、「もしかしてこの地図には嘘が載っているかもしれない」と考えることなどあり得ない。どんな「地図」でも、人間の作ったものだから間違いはありうるのに、我々は「あえて疑う」ことをしないのだ。

ここにわれわれが誰しも陥る可能性のある「常識の罠」がある。

勉強は危険な荒野への道

これで、我々がいつの間にか先人の知識や業績を「絶対正しい」と思い込んでいながら、自分ではそんなに頑迷なつもりはない、という矛盾した状態でいられる理由がわかったと思う。だからよほど警戒しないと、我々は自らをそういう無邪気な信念の餌食にしてしまうのだ。

活字は絶対正しい、という無邪気な信念は、人が既定の世界に安住するにはいかにも好都合で快適な考えである。だが、他のところでも述べたように、何かを無条件に信じることはすなわち思考停止を意味する。その人物がもし知的であり続けたいと願うのなら、それだけはやめなくてはならない。それがどのような権威ある書物であっても、どれほど優れた人格者の発言であっても、教祖の言葉であっても、もちろん私の言葉であってもだ。

すべてを疑う、のは確かにしんどい。信じてしまえば面倒は少ないし、同じように信じている人々との相性もよくなる。だが一方で、それは、引き換えに独自性と自立性を失わせ、もっともらしい嘘にだまされる可能性を生む。自らを知的に成長させようと願うものは、常にすべてを疑う姿勢を持つように心がけねばならない。

このように、実は勉強という行為には、自分を安住の地から危険な荒野に引き出す可能性が秘められている。そういうリスクを冒すのが怖いなら、勉強などしないがいいのだ。もちろん私はこういうことを逆説的に語っているのであって、より多くの人々が勉強を通じて「つい何かを無条件に信じてしまう自分」を意図的に押しとどめようとする精神を培《つちか》い、精神の自立性を手に入れてほしいと願うものである。

試験の際、受験者にそういう自立性があるかどうかを確かめるために、出題する際に知識を意図的に揺さぶってみる、という手を使うことがある。たとえば語学であれば、おそらくは受験者がAという意味を知っているはずの単語の別の意味を問う、といった方法だ。

いくつか例を挙げて見てみよう。まずは簡単なものから。

Lead is counted as one of heavy metals.（鉛は重金属の一つに数えられる）

上の文では、Leadという英語学習者なら誰でもなじみのある（と思っている）綴りの語が出てくるが、よく見ると、そもそも品詞が動詞ではない。むしろisの主語だから名詞である。しかも前置詞asを通じてLead =one of ...metalsが成立するから、leadはここでは「金属の名前」だとわかる。leadに関する事前の知識より、目の前の現象（前置詞asによるイコールの成立）の方を優先すれば、意味を大きく取り違えることはない。

では次はどうか。

Between 1620 and 1800 important changes took place in the grammatical structure of English, both in Great Britain and America, but instead of drifting apart in this period of marked changes these two branches of English, at all important points, developed harmoniously together. Around 1800 the structure of literary English had virtually attained its present form in both territories and was in both essentially the same. That since that date no syntactical changes of <u>consequence</u> have taken place in either branch indicates a remarkable solidarity of structure.

下線部の語はどのような意味で使われているか，最もふさわしいものをａ～ｅから一つ選べ。

a. result　b. motivation　c. significance　d. sufficiency
e. consideration

ある程度勉強をした受験生なら、consequenceには「結果」という意味があることを知っている。選択肢の中のresultには「結果」という意味がある。それに引っかかってaを選ぶと不正解である。この問いの鍵は1800だ。まず、初めに1800が出てくるが、それだけではない。もう一回1800は出てくる。表面的には第二文の先頭のAround 1800だが、これは次の文のthat dateで受けられている。すると、この文章中には1800を使った二つのごく似た表現が二回あるのだとわかる。

Between 1620 and 1800 important changes took place

since around 1800 no ... changes of consequence have taken place

上下の共通点をそれぞれ同じ種類の傍線でマークしてみると、上の文のimportant（枠で囲ったところ）と下の文のof consequence（同じく）が対応する位置にあるとわかる。そこで、consequence=importance=significanceであると判明し、答えはcである（そういえば三番目だ）。

このように考えてみると、ものを見る目、すなわち「観察力」と「抽象化」および「やじろべえの精神」が密接に関連したもの、もっとはっきり言えば不可分であることが理解できるはずだ。

まず、最初にconsequenceを見たときに、なんとなく「結果」という意味があることは知っていても、それを無理やり当てはめたりはしない。もちろん全く無視しているわけでもない。その意味の範囲に入るような、入らないような、ゆったりした見方でものを見ている。そして、consequence そのものより、全体の構造に着目していく。そのときに that date が around 1800 であるという当たり前の指示語の関係に注目すれば、二回のほぼ同じ形の反復があることが「発見」され、以下の考察へとつながっていく。

これで、「目の前の現象を正直に見る」の概要がわかってもらえただろうか。そしてその根底にはやはり「抽象化」「やじろべえの精神」があることも確認できたと思う。

②答えではなく、手がかりを探す

では次に「答えではなく、手がかりを探す」に移ろう。ここで最も強く求められるのは「発想の転換」だ。一般に、問いに解答しようとする者は、「答え」を探そうとする。当たり前と言えば当たり前だが、答えを探すと、皮肉なことに多くの場合答えは見つからない。ところが、発想を転換して、答えではなく手がかりを探すと、実に簡単かつ客観的に答えが見つかるのだ。

そんなことを言われてもぴんとこない、という向きも多かろうから、これまたいくつか例を挙げて説明していこう。こういう場合、例として最も適切なのは英語や国語の問題に頻出する「表現の意味を問う」タイプの問題である。よくあるではないか。いわく「傍線部の意味を答えよ」だの、「下線部の意味と同じ別の表現を本文中から抜き出せ」だのといった類の問題である。

脇の甘い「方法論」

具体的な問題例を挙げる前に、今しばらくは抽象的な一般論にお付き合いいただこう。たとえば英語であれ国語であれ、はたまたフランス語であれ、「ある部分Xと同じ意味の表現を文中から抜き出す」ことを求められた場合、あなたはどうするだろうか。僭越《せんえつ》ながら、あなたの最もやりそうな手順を一つ示そう。まず、Xの意味を「理解」する（ここで言う「理解」というのが実は私にははっきりしないのだが、まあおそらくあなたはそう言うはずだ）。そして、その「理解」したXと同じ意味内容を表す部分（仮にYとおこう）を探し、見つかったY＝答えであるとして提示する。

どうだろうか？　おそらくはこれがたいていの人のとっている「方法」だろう。だが、私に言わせると、このような「方法」をとっている人は正直マヌケである。いや、マヌケといっておかしければ、少なくとも危機管理能力に欠けている。あるいは想像力がない。

なぜかって？　もしXの意味がわからなかったらどうするのだ？　Xの部分に「読めない漢字」が使われていたり、Xが知らない単語でできていたら？　あるいは、言葉面の意味はわかっても、その最終的に意味するところが複数の可能性が考えられる場合は？　あるいは、前の節で扱ったように、Xの意味があなたの知っているのとは食い違ったものだったら？

こういう問いを自分に突きつけてみるとわかるだろう。先ほどの「解答法」が極めて脇の甘いやり方だということが。というのはその解答法は「問われているXが何のことかわからない」という可能性を想定していないからである。考えてもみたまえ。もし、Xがなんだかわからない場合、Xと同じものを探すことなどできるはずはない。何しろわからないのだから、どんなものを見つけてこようと、それがXと同じかどうかは判定できないのだ。

ありがちな反応と思い上がり

この事実を突きつけたとき、考えられるあなたの反応は二種類ある。もちろん一方は正しく、一方は間違っている。このうち、間違った反応とは、「どんなXの意味も知っている」状態を自分の中に作るのが正しいと考え、できない原因を「知識の欠如」か「理解力の欠如」に求める態度である。この態度は二重に間違っている。ひとつは言うまでもなく、人間の記憶容量には限りがあり、事前にすべてを覚えておくことなどできない、ということである。つまり、知識の欠如は何をやっても解消できない。これはすでに語ったことである。

問題はもうひとつだが、ここでも私は読者に大きな発想の転換を求めたい。それは同時に「目の前の現象を正直に見る」ということでもある。その問題点とは何か。

そもそも、自分ではない誰かがある言葉を使ったとき、その意味が「わかるはずだ」と思うのは思い上がった、間違った考えである。自分以外の人間がしたことについて、本人でない我々がいくらああでもない、こうでもないと言ってみたところで、その本当の意図はわかるはずがない。

もちろん、言葉は、それを使う人間同士の間に一定のコンセンサスがあることを前提として作られているのだから、たとえば日本語を理解する誰かが「石鹸」という言葉を書いたとき、その字を見た人間は「ケーキ」でも「砥石《といし》」でも「バター」でもなく、何かを洗うときに汚れを落とすのに使う物体をイメージする、これは当たり前だ。

だが、第一部で紹介した筑波大学附属駒場中学校の国語の入試問題（p35参照）に出てきた「アリのように働く」の「アリのように」が一体何を意味するのかは、書いた本人以外には全くわからない。何しろ、考えられる可能性は一つではないのだ。一つでないとすれば、そのうちのどれを文章の筆者が狙っているのか、筆者でない自分にはわかるはずがない。

行間は読めるのか？

ところが世の中には「自分以外の人間の使った言葉の正確な意味はわからないことがある」という、どう考えても自明の真実を受け入れない者がいる。それも一人や二人ではない。実は「ほとんど全員」と言ってもいいくらい、多くの人が、ほうっておくとこの事実に同意してくれないだろうと推測できる。その元凶はおそらく、日本の国語教育だ（「日本の」と書いたが、これは

「他の国は違う」という意味ではない。私は日本以外の国の教育の内実について、それこそ何も知らないのだから、そんなことは言いたくても言えない。ただ、少なくとも本書の読者である日本人にとって考えるべきは「日本の」教育のはずである)。

その欠点を一言で言うと「行間を読め」という指導である。この指導が国語教育の柱の一つであることは疑問の余地はない。何しろ、学生をやっていて、教師にこの言葉を言われたことがない、という人はいないだろう。それくらい日本の国語教育において浸透している言葉である。だが、これ、一体何をすればいいのかが、それ自体全くわからない。

もちろん、はじめにこの言葉を使った人間は全く異なった意味でそれを使っていたのかもしれないが、今なぜか多くの人々は、「意味のあいまいな言葉の意味を見当つける勘を養う」ことだと理解しているようだ。

もちろんこれはすでに示したように、とんでもない誤った思い上がりである。自分以外の人間がどういう意味をある言葉にのせたのか、もちろん約束事の範囲の中では理解できるが、それを超えたものは絶対に別人には理解できない。「アリのように」が何を意味するのかは、書いた本人にしかわからないのであって、それをわかった振りをするために行間を読むなどという意味不明な行動をするなんて、でたらめもいいところである。大体、行間は白紙であって、何も印刷されていないではないか。

国語教育における『裸の王様』

面白いのは、「行間を読む」という考えを信奉している人はほぼ例外なく、「行間を読む」ことが苦手である、という点である。つまり、自分ではできないのだ。ところが、ここが面白いのだが、「できない」のは当たり前（何度も言うが、「他人の」書いたものの意味がわかるとしたらまさに千里眼である）なのに、「できない」人はほぼ全員、「できない」のは自分に「理解力が欠如」しているからだと内心（これは決して人には言わない）考えている。そして、誰か声の大きい人間が「アリのように」の意味はかくかくしかじかである、と言う（もちろんそれはすでに証明した通りでたらめである）と、みんなして「そうだその通りだ。私もそう思っていた」と唱和するのだ。もちろん叫んでいる人々はその内容を信じて叫んでいるのではなく、同意を叫ばないと自分の「理解力が欠如」していることがみんなにばれてしまうと思っているからにすぎない。

まさに『裸の王様』を地でいくような話であるが、これがわが国の国語教育のお寒い現状なのである。

この話、まだまだ語り足りないのだが、今は話の焦点はそこにはないので、話を先に進めよう。

「Xの意味と同じものを本文中から探せ」という問いに対処するとき、「Xの意味がわからない」場合がある。しかもそれはどれほどの記憶力を持っていようと、どれほど行間を読もうと解消できないものである。つまり「Xの意味がわからない」という現実を前にしたとき、『知識』や『理解力』を増やそうという勉強に走るのは全くの誤りなのだ。

意味がわからないまま、同じ意味のものを見つける

ではどうすればいいのか。いよいよ本題に向かおう。そう、「Xがなんだかわからない」のに、「Xと同じ意味を持つ表現を本文から抜き出す」ためには、「Xがわからないまま」答える方法を考えつけばいいのだ、と考えるのが正しい反応である。

え？「Xがなんだかわからないまま、Xと同じ意味の言葉を探す」だって？そんなことできないよ、と思ったアナタ。それができるのだ。ただしそのときはXをいくら見ても無駄である。もちろん正解がYだとして、Yをじっとにらんでもだめ。では何を探すのか？もちろん答えのYではなく、「手がかり」を探すのだ。つまりXでもYでもない表現の中に、手がかりを見つけ出すのである。

その手がかりの一番単純な例は、記号化した表現である。その中で特に使いやすいのは「イコール（＝）」と「反対（⇕）」であろう。次の問いを見てもらおう。

問い：次の英文の下線を引いた部分の意味を日本語で説明せよ。

We use deduction when we think of things logically. It has been used since human beings woke up as intelligent animals a long time ago, and it is defined as reaching a conclusion based on a set of rules which are assumed as true.

こういう問題を見たとき、特に知恵のない学生でも、当然答えは近所にあると考えるはずだ。もちろんそうとは限らないが、「客観問題の正解は三番目」と同じかそれくらいには経験則としての価値はある。今回はそれで正しい（まあ本文自体が短くしてあるので当たり前だが）。つまり、ほとんどの受験者はだいたい似たようなところに目をつけて似たような答えを書く。

根拠の明確さが合格の鍵

では、何が合否を分けるのか？　一つたとえ話をしよう。たくさんの人を集めて、彼らに全く同じ性能の全自動のデジタルカメラを渡し、バスに乗せて同じ場所に連れていき、同じ風景を見せて同じ角度から同じ被写体を撮るように指示したとする。もちろん出来上がった画像は全員のものがほとんど同じになる。ではその写真を写真コンテストに応募したらどうなるか。もちろん、入選するものと、そうでないものが生じる。その差は、ほとんど「手ブレ」「ピント」で決まるのだ。ここだけは人間の技術がものをいう。そりゃサービス判で見ればほとんど変わらないが、全紙に引き伸ばすとその差は一目瞭然である。入試での合否はこれと同じような基準で決まる。特に大学受験や、資格試験のような、受験者が強い動機づけを持っていて、かつ全員を合格させることができない試験ではその傾向が顕著だ。何しろ、みんな合格したくて必死に勉強してきている。当然同じようなものに目をつけて、同じような解答を書く。その中から合格者と不合格者が出る。その基準は解答の「ピント」の合い具合、つまり、どれだけ明確に必要なところだけを過不足なく書けるか、にかかっている。だいたい、なら誰にでもできるのだ。

ではどうやって明確でぶれない答案を書くのか。写真なら、それに応じた技術があるだろう。一方答案の場合には、選択根拠がどれだけ明確かによって決まる。

極端な話、今回の問いのような場合、全体でも数行しかないのだから、それを全部訳してしまえば、その中に答えが入っていることは間違いない。だが、それではあまりにもピンボケで、何が焦点なのかが明確でないため、不合格になる。

ではどうやって必要なところを過不足なく切り出せばいいのか？　こういう話になると、日本人は（再び断っておくが、ここで私が「日本人は」と書くのは、「他の国の人と比べて」という意味ではない。正直申せば、私は日本人以外の人をほとんど知らない。まあ数人は知っていても、インドネシア人は、とかペルー人は、とか言えるほどの知り合いはいないのだ。だからここで「日本人は」というのは、「私の知っている範囲にいる人は」という程度の意味である。「日本人」

という言葉を使うのは、まあ景気づけだ）精神論に走るのが好きだ。「じっと見ていればやがて見えてくる」とか「修行すれば何とかなる」とか「わかる人にはわかる」といったような類の「指導」である。これは、これまでの「教育」という名の行為が、いかに芸がなかったかを示している。つまり、教える側自体が、何を教えていいかわかっていないのだ。何を教えていいかわからなければ、励ます以外ない。まあがんばれ、というわけだ。冗談ではない。正解を得るのに必要なのは根性ではない。根拠である（駄洒落ではない。あしからず）。その「根拠」こそが今私が問題にしている「手がかり」である。

手がかりはすべて目に見える

先の問題の「手がかり」は実はきわめて単純な記号、すなわち「イコール（＝）」である。タネは前置詞のasだ。だが、単純にdeduction as Yと書いたのでは、Yが答えであることがあからさますぎるため、出題者は表現の受け渡しに目をつけている（「目をつける」という言い方をするのは、出題者は文章の筆者とは通常、別人だからだ。もちろん、出題者本人が文章を書く場合もある。それは完全なマッチポンプであるが）。この文章では、まずuse deductionとdeductionはuseの目的語として与えられる（ここでdeductionは何らかの「方法」であるとわかる。「使う」の目的語だからだ）が、次でIt has been usedとuseを受身にすることで、さりげなく主語のIt=deductionが定義される。さらにand it is definedでは「等位接続詞の前後は同じ形の反復」というルールによって、ここに現れるItもandの前のIt has bee usedのitと同じ、すなわちdeductionであるとわかる。

一言ここで注意しておきたいのは、it is definedのit=deductionであるとわかるまでの過程には、一つとして「前後から考えて」などというあいまいなものはない。判断の根拠はすべて「目に見える明確なルール」である。現状の英語や国語教育では、このようにちゃんとした根拠を提示できるはずのものでさえ、「よく読めばわかる」という無意味な脅迫的言辞によって「指導」され、何も教えていない。これでは子供が勉強嫌いになるのも当然である。

さて、it is definedのit = deductionということが明らかになったところで前置詞asの登場である。

it (=deduction) is defined as reaching a conclusion ....

こうやって見れば、答えは「可視的に」明らかである。後はreaching以下を日本語にする能力さえあればよいのだ(解答例:正しいと推論されることに基づいて結論を導く方法)。

今度は「反対(⇕)」を使おう。ここではさっきから話の中に何度か出てきた入試問題に改めてご登場願おう。出典は筑波大学附属駒場中学校の国語の問題である。

（問題となった文章）

日本人はよくアリのように働くと言われる。しかし、実際の働きアリは一日のうち三分の一だけ働き、後の三分の二は遊んでいるという。アリがどういう遊びをするかというと、巣から出てきて巣の周りを全く無目的にぶらぶらするだけである。遊びの時間にはエサがあっても見向きもしない。

問：傍線部「アリのように働く」とはここではどのように働くことですか。最も適当なものを次の中から一つ選んで、記号で答えなさい。

ア　細かい気遣いをして働くこと
イ　長い時間休むことなく働くこと
ウ　みんなで力を合わせて働くこと
エ　将来を考えて計画的に働くこと

すでに何度も指摘したことだが、「アリのように」が何を意味するかは、それ自体では全くわからない。あなたがどれくらい「アリ」の生態について詳しく、立派な認識をお持ちであろうと、この文章を書いた人間があなたと同じことを考えているという保証はどこにもないからである。

こういうことを書くと、「それでは他人の書いた文章を理解することは永久にできない」というひねくれた見解を述べる人が出てくるが、そういう人にも、「目の前の現象を正直に見なさい」と私は言いたい。確かに、異なる人間同士が百パーセント理解を共有することはほとんど不可能である。我々は「言葉」をはじめとする記号によって互いにつながっているにすぎない。極端な話、あなたも私も黄色い花を見ると、「この花は黄色だ」と言うし、それで理解し合えた気分になっているが、実はあなたの網膜に映っている「黄色」と私のそれとが同じであるという保証はどこにもない。

ただ、我々は幼いころから、我々の網膜に見えるある色を「黄色」という記号で教わってきており、だから結果的に「合意」できるのである。でも私の目に見えている「黄色」は、あなたの目に見えている「青」と実は同じ色なのかもしれない。でも、この点だけは永久に確認することはできない。だから、確かに我々の共通認識は「言葉」をはじめとする記号の上だけのことである可能性は否定しない。だが、文章を書く、いやおよそ言葉を発する人間はほぼすべて、自分の考えている内容を相手に「正しく理解させたい」と願っている。

だから、たとえば「アリのように」のような、自分以外の人間にとってその真意がわかるはずのない表現を使えば、どこかにその意味がわかる手がかりを与えておくのだ。もちろん本人は無意識の場合もあろうが、それでもそういう手がかりは必ずその人の言葉の中にある。なければ、その文章は独善的で、他人には理解できなくなってしまうからだ。

だが、こういうことを書くとさらに、「必ず」と言うが、書き手が必ずそうしているという保証はどこにある？　と言う人がいる。おっしゃる通り。書き手がはじめから読者をだまそうとしているか、あるいは書き手に自分の言葉を明確化する能力が欠けている場合、先ほど私が言ったようなことは起こらない。

だが、目の前の現象を正直に見てほしい。試験問題は、野原に咲いている花ではない。作った人間がいる。作った人間は、その問いに万人が合意できる正解がある、と知ったからその問題を作ったのだ。もし問題の作り手が、その文章が詐欺的な意図で書かれている、あるいはその文章の書き手にはわかるように書く能力がない、と思ったなら、その文章を使って問題を作ることはしないはずである。

そう、「試験」というものはすべて一種の「箱庭」である。そこには作った人間があり、その人間が想定し、万人が合意できる「正解」がある。もちろん世の中にはそういう「正解」がないものも数多く存在しうるだろう。だが、そういうものは「試験には出ない」のである。

さて、先ほどの問題の説明に戻ろう。「アリのように」がそれだけでは意味が全くわからないことはすでに述べた。すると、選択肢のどれが正解なのかも、この時点では全くわからない。何を意味するのかわからないものと同じものを選べといわれても、解答できるはずがないのは自明である。では、どうするか。

逆になるためには共通点が必要

そこで我々は「手がかり」を探す。第一の手がかりは（第一部第二章でも簡単に触れたが）下線を含む文の直後にある「しかし」である。「しかし」は知っての通り「逆接」で、「逆接」とはもちろん「逆」のことが書いてあるから「逆接」と言うのだ。だが、これだけでは話は先に続かない。ここで使うのは、ある「知恵」である。それは「逆になるためには共通点が必要だ」である。そう、共通点のないところに逆はない。たとえば「右」の反対は「左」であって「前」でも「上」でもない。言われれば誰しも当然と思うはずだが、ではなぜ「右」の反対は「左」であって、「上」でも「前」でもないのか。それは「右」と「左」はどちらも「横方向」という共通点があるのに対し、「右」と「上」や「右」と「前」にはそういう共通点がないからである。誰もが認める「当たり前」のことがらの中には、ものごとを考える上での大きな手がかりが潜んでいるものだ。

さらに一つ断っておくが、この「知恵」、特定の科目の勉強によって身につくものではない。きっかけは何かの科目であろうが、一度「もしかして」と気づいた後はさまざまな科目の中に登場していることに気づき、その表面上の違いを捨てて共通点だけを抜き出したもの、つまり「抽象化」によって手に入り、かつ抽象化を絶えず行いながら使う「知恵」である。

そこで、「しかし」の前後の共通点を探そう。すると、どちらにも「働く（き）」という表現があることに気づく。

アリのように働く…しかし…一日のうち三分の一だけ働き、

すると、「アリのように」と「一日のうち三分の一だけ」とが対応する位置にあることから、この両者が「逆」の意味になればいいとわかる。

アリのように働く…しかし…一日のうち三分の一だけ働き、

⇕

もちろん、「一日のうち三分の一だけ」も単独では意味がわからない。ところが次と比べてみるとその意味が明らかになる。

三分の一だけ働き、後の三分の二は遊んでいる

⇕

「働き」と「遊んで」が反意語であることから、論理的に一貫するためには「三分の一」と「三分の二」も互いに反対語の関係にある必要がある。

三分の一だけ働き、後の三分の二は遊んでいる

短い時間⇔長い時間

こうして、「一日のうち三分の一だけ」は「短い時間」という意味であることがわかった。するとそれと反対の「アリのように」は「長い時間」という意味でなくてはならないことは自明である。よって正解はイとなる。

次元を変えて見る——抽象化とやじろべえ

次の例にいく前に、少し脱線して毛色の違う、だが重要な話を一つしておきたい。私などが授業中に「逆接なら前後に逆のことが書いてある」「逆になるためには共通点が必要だ」と言うと、「そうとは限らない」という反論をいただくことがある。だが、これまでその「反論」の中で私を納得させるものは一つもなかった。そういうことを言う人は「目の前の現象を正直に見ていない」のである。

一番情けないのは次のような文を持ち出す人である。

「先週はいろいろ世話になったが、今週もよろしく」

これは「が」という接続助詞を使っているものの、その意味は「順接」である。最初から逆接になっていないのに、上辺の「が」だけで逆接と思い込むのは正直稚拙《ちせつ》にすぎる。

次にはこんなのがくる。

「この車のタイヤは黒い。だがボディは白く塗られている」

こういうものを持ち出して「黒と白は色が異なるだけで逆ではない」と言い張る人は、目の前の現象を正直に見るのに必要な「抽象化能力」が欠けている。

「抽象化（＝表面が違って見えるものの、中身の共通性を見出すこと）」そのものについてはこれまでも何度も話してきたが、それをうまくコントロールするには「次元を変えてものを見る」目が必要になる、という事実についてはこれまでなかなか話す機会がなかったので、この場を借りてその話をしておきたい。

物事を抽象化するとき、どのような視点でものを見るかで、その「共通性」の範囲が変わってくる。

図形を使ってわかりやすい例を挙げてみよう。

問い1：次の四つの絵の中で仲間はずれを一つ探してください。

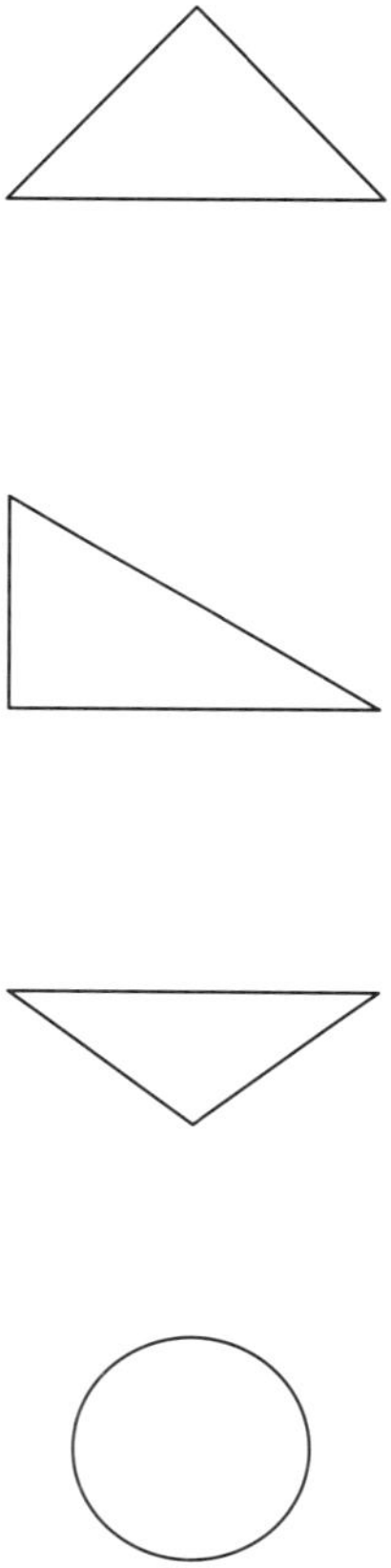

ア　イ　ウ　エ

これは幼稚園児程度でも答えられる問題だろう。もちろん答えはエである。子供は感覚で解いてしまうけれど、それを言葉で表すと、ア、イ、ウにはそれぞれ「角が（三つ）ある」という共通点があるのに対して、エだけには「角がない」から仲間はずれなのだ。

では、次の問題はどうだろう？

問い2：次の四つの絵の中で仲間はずれを一つ探してください。

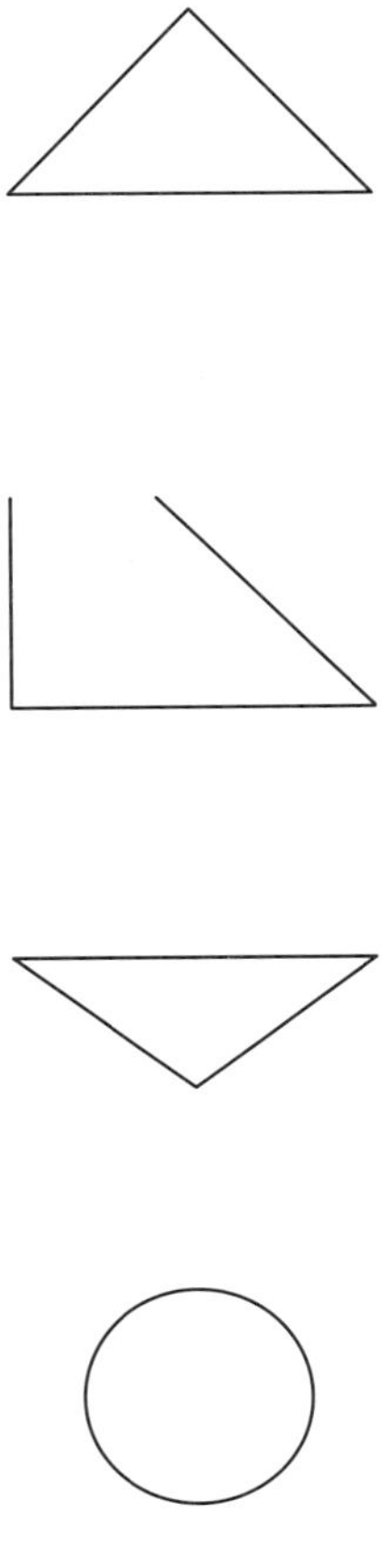

ア　イ　ウ　エ

今度はどうだろうか？　幼稚園児には少し難しいかもしれない。今度の答えはイである。すると、さっき仲間はずれだったエはどうして今度は仲間に入ったのか？　という質問が来るかもしれない。そう、ここに抽象化（共通点の抜き出し）の融通無碍《ゆうづうむげ》なところ、つまり抽象化と「やじろべえの精神」の接点がある。つまり「類似性」というのは、「より大きく異なるもの」の存在によって明らかになるものなのだ。たとえば、「男」と「女」は違う。だが、どちらも「サル」と比べれば同じ「ヒト」である。「ヒト」と「サル」は違う。だがどちらも「イヌ」と比べれば同じ「霊長類」である。「ヒト」と「イヌ」は違う。でもどちらも「カエル」と比べれば同じ「哺乳類」である。「ヒト」と「カエル」は違う。でもどちらも「ひまわり」と比べれば「動物」である。「動物」と「植物」とは違う。でもどちらも「簞笥《たんす》」と比べれば「生物」である。同じように「三角形」と「円」とは「角があるかどうか」という基準で見れば異なる。だが、どちらも「閉じていない図形」と比べると「閉じた図形」であるという共通点があるのだ。だから「抽象化」においては、同じものを扱っても結論が逆になることは十分にありうる。「必ず」と決まったものはない。それこそが「やじろべえの精神」と符合する。

元の話に戻ろう。「その車のタイヤは黒だが、ボディは白に塗られている」では正しく「逆接」が成立している。確かに「黒」「白」はそのままでは「異なる色」ではあっても「反対」ではないように見える。だが「黒」＝「暗い色」、「白」＝「明るい色」と定義すれば、「暗い」と「明るい」には確かに「逆」の関係がある。「逆」の関係があるから逆接で書いてあるのだ。

柔軟性か詭弁《きべん》か

こういう説明をすると、あまり出来のよろしくない生徒から「ご都合主義」「詭弁だ」と言われることがある。なるほど、彼らの目には詭弁に見えるだろう。「抽象化」における次元の移動にその学生のおつむはついてこられないのである。自分がついていけないものを「おかしい」と断じるのはあまり出来のよくない人に共通の特徴だから、私にとってはそういう批判はそれこそ「蛙《かえる》の面《つら》に小便」である。ただ、ひとつ断っておくと、私はそういう学生が「永久に救いがたい」と思っているわけではない。もちろん、私も含めて比較的歳をとってしまった者たちは、思考に柔軟性もなくなり始めており、また、個人的、社会的に守るものも増えてしまったために、そう簡単に自分の立てた旗を降ろすことはむずかしかろうが、まだ若い人々にはいくらでも更正のチャンスはある。ただそのためには「何かにしがみつく」という精神状態から自由にならなくてはならない、というハードルはあるのだが。

学力の正体

先ほどの図形の問題に戻って言うならば、私が問い1を「幼稚園児程度でもできる」と言ったのに対し、問い2は「幼稚園児には難しい」といったことにはそれなりの意味と理由がある。いわゆる「学力」とは「抽象化できる力」のことである、と私は思う。そして学力を向上させるというのは、「抽象化の次元を変えて物事が見られる」ようになることなのだ。問い1に示したような「角があるかどうか」という基準は、きわめてはっきりしているので学力の低い者でも判断できるが、問い2の「閉じているかどうか」という基準の抽象度はかなり高い。その場の状況全体をよく見比べて必要にして十分な「抽象化の基準」を見つけられる臨機応変さこそ、「学力」の正体であると私は考える。

周囲の共通性を利用する

さて、話を「答えではなく手がかりを探す」の本筋に戻して、もうひとつ別の例を挙げよう。ただしここで使う技は「記号」よりさらに洗練された刺激的なものである。その「手がかり」とは、周囲の共通性に気づくことだ。

具体例にいく前に軽く一般論で頭の体操をしよう。ここに同じルールで作られていることがわかっている二つの文字列がある。

文字列１：aqty894rgloXc61gzpwvb

文字列２：n7goiL4rgloYc61gza03m

この二つの文字列を見れば、おそらくXとYは互いに同じか反対の関係にあるはずだとわかる。もちろんXもYも中身はわからないのだから、その二つを見比べて同じ・反対と考えるはずはない。だが、よく二つの文字列を見比べると4rgloXc61gzと4rgloYc61gzは、XとY以外がすべて同じ文字列で書かれている。

これを全くの偶然、と考えるのは無意味である。いや確かに、偶然の確率もゼロではないだろうが、そんなことを考えていても道は開けない。せっかく見つかった共通点から4rgloXc61gzと4rgloYc61gzとは互いに同じか反対のどちらかであると結論づけることができる。XとY以外は完全に同じなので、XとYの関係は「同じ」か「反対」である。

こういう説明に対して「そんなことわからないじゃないか」という反論をよく受ける。確かに、抽象論で言えば、他のところが完全に同じであっても、残る部分が互いに無関係という可能性は、もう一度言うがゼロではない。だが、問題に答えるという状況においては、その可能性は無視することができる。

その理由はすでに言ったように、試験問題は野原に咲いている花ではない、ということである。どんな問題にも作った人間がいる。その人間は必ずその問題のどこかに「手がかり」を隠してあるはずである。

もし、二つの部分の形の共通性以外に何も手がかりがないとすれば、これが偶然であると考えても、答えられないだけで何もいいことはない。この両者の共通性に注目することによってのみ解答の可能性が得られるのに、それを疑ってみすみす手がかりを逃してもいいことは一つもない。別の言い方をすれば、ほかにやり方がないなら、やってみて失うものはないはずである。前にも書いたように、ダメもと、という考えも、試験では立派な方針の立て方の一つである。

また、両者の間に関係があることはわかっても、それが「同じ」か「反対」のどちらかになるとは限らないのではないか、と考える人には、先ほどの「抽象化」の程度が足りないと指摘させていただく。同じような形式の二つの部分に関係があるとすれば、それは必ず「同じ」か「反対」のどちらかに収斂《しゅうれん》するはずである。そうならないとすれば、抽象化の次元を取り違えているのだ。

では具体例に入ろう。

問題：下線を引いた表現の意味を選択肢から選びなさい。

My parents and I were watching a quiz show on TV. When came the question "What is the longest word in English?" my father said, "I know the answer. It's smiles." "Smiles?" my mother protested, "it's not long at all." "It is," he insisted, "I'll bet my boots on it." "I can't believe it. The word has only six letters. Why are you so sure?" "Because I know it is a famous riddle. Smiles is the longest word in English because there is a mile between the first 's' and the last 's'."

(1) I feel so funny about it
(2) I doubt if it is true
(3) I am confident of it
(4) I think it is easy

確かに、一見多くの英語学習者が途方にくれるタイプの問題である。何しろ bet my boots on it がなんだかわからない。おそらく熟語だろうとは想定できるものの、その意味までは知らなければ、とても思いつかない。だが、これまで本書を読み進めてきた読者なら、「知らない」程度のことで萎縮するのはばかげたことであることはわかっているはずだ。もちろん手がかりは、下線を引いた表現ではなく、その前後の言葉の流れの中にある。

会話の中に手がかりを潜ませる、これは第一部でも示した典型的な雑音の例である。もちろんこの会話全体を解答の根拠に使うことはあり得ない。使うのは以下の部分だけだ。

F: "I'll bet my boots on it."

M: "... Why are you so sure?"

非常に簡単に答えを出してしまえば、I=you なので、I のとっている行動と you のとっている行動が同じだと考える。すると bet my boots on it=be sure が成り立つことから、bet my boots on it は「確信している」となり、答えは(3)である。

え？　そんなんでいいの？　と思った人も多いに違いない。だが、これは決して適当に考えているわけではないのだ。

会話＝同じ表現のやり取り

解答の前提となる「知識」は、会話は「二人の人間が同じ表現のやり取りをする」ものだということである。その時、この二つのせりふには一つ明らかな共通点があることに気づくだろう。それが主語のI=youである。もちろん発話者が異なるので表現はIとyouで違っているが、これが同一人物、つまり「父親」を指すことは明らかだ。しかも「母親」は「なぜ××しているのか」ときいているのだから、この人物、つまり「父親」が「××」という行動をしていることは明らかである。ではなぜ母親は父親、つまりyouが「××」をしていると知ったのだろうか。考えられる可能性は一つしかない。それは「本人（父親）が自分でそう言っている」からである。父親が自分の行動として言っていること（言い換えれば主語がIで言っている文）は一つしかなく、それがI'll bet my boots on itである。だから「××」= bet my boots on itでなくてはならない。母親のせりふでは「××」= are（be）sureなのだから、この両者は同一である道理である。

人物の気持ち？　本人に聞け

ここでもうひとつ、言葉を読むことに関して、当たり前なのに誰もそう思っていないらしいことを取り上げておこう。それは、自分以外の人間の気持ちや意思は、その本人が直接言わなければばわかるはずがない、という事実である。前にも似たような話をしたが、それは自分でない人間が使う言葉の意味がわからない、であった。今度はもっと根源的なことである。ある人間が何を考え、何をしようとしているかは、その人間が直接語らない限り、わからない。もちろん、ある程度推量することは状況によってはできるだろうが、それはあくまで推量であって、それが事実であるとは本人以外の誰にも断言できないのである。正直、こんな当たり前のことはなかろうと思うのだが、日本の教育界ではそうではないらしい。

いや、この言い回しは正確ではない。実は教育関係者は「他人の気持ちを理解することはできない」ことを百も承知で、試験ではおそらく「自分を守るために」そういう愚かなことはしていないのだが、一方で自分の展開する授業の中では、「説明するのが面倒くさい」ゆえにそれが正しいことにしておく、という二枚舌を駆使しているのだ。なんだかずいぶんひどいことを書く、と思う人もいるだろうし私自身そう思うが、でもこの件に関しては、そうだとでも考えないと説明のつかないことが多すぎる。

身内の裏切り

私がこの件に対して、しつこくあれこれ言うのは、この部分が子供から不必要に勉強に対する自信と意欲を奪っているように思えるからだ。私は大学受験予備校の講師であるから、私のところにやってくる学生は、それまでの間に長年いろいろな教育を受けていて、当然それによる弊害をある意味一身に背負っている。これまでの話の中でも出てきたように、論理づけのされない単発の知識を無秩序に詰め込まれていることもその一つだが、もうひとつの呪いの言葉に比べればそんなものはかわいいものである。その呪いの言葉が弊害として大きいのは、その呪縛が、学生から正しい論理に基づく知識を吸収するエネルギーそのものを奪い取っていることである。しかもその最大の罪は、それが明らかな「嘘」だということである。その悪魔の呪文とは「言葉になっていない別人の意図を理解せよ」というものである。先に挙げた「行間を読め」もそれに近い。

冷静に考えてみれば明らかだが、他人の心の内側を覗《のぞ》き見する方法はない。最近は仕草から人の嘘を見抜く技がもてはやされているようだが、それでもまず「仕草」というはっきりしたシグナルがあるからわかるのであり、しかもそれにはかなりの専門的知識が必要であるようだ。しかも、相手が意図的に嘘をついているのでもない限り、言葉という最も明確な伝達手段を無視して、そこに表れていないメッセージを読み取ることが「読解力」だと教えるのは、あまりにもひどい背信行為である。

特に国語の教師であれ英語の教師であれ、言葉を教えるものは言葉の専門家なのだから、その言葉を無視せよという教えはほとんど身内の裏切りと言ってもいい重罪である。オーケー、確かに人は必ずしも本当のことを言うとは限らない。だがその「嘘」を見抜くのは、その人物の吐いた複数の言葉の間にある矛盾であり、結局手がかりは「書かれた言葉」そのものにあるのだ。

信じやすい子供を待つもの

もちろん私は子供というものが何でも大人の言いなりになる天使のように無垢な存在だと思っているわけではない。私自身のように子供のうちからひねていて、「行間を読む」教師を呆れ顔で見ているような手合いも一部にはいる。だが、全体としては子供はやはり「信じやすい人々」である。そして、そうして「見えない何かを追う」ことを自分に課してみると、あっという間に「自分にはそれができない」ということに気づく。

しかも、全員が等しくできないならまだしも、当然クラスには「できる」子供が存在する。その子供は、決してそういう「目に見えない何かを追う」のが得意なのではなく、「大人の顔色を窺《うかが》う」のが得意で、「どういう答えを選べば、小学生として大人からほめてもらえるか」を感づくのに長けているにすぎない。簡単に言えば、勘の良し悪しで物事が決まっていくのだ。

もちろん、勘だろうと正しい答えが一定以上の割合で出ているうちはいいのだが、そんなことはあっという間に、おそらくは中学受験で潰《つい》えていく。それはおそらく「出題者の都合」だ。センター試験のように正解を公表する試験は別としても、入学試験というものはどうしても公の目にさらされる。そこで、「この問題の答えはおかしい」と言われると出題者としては立つ瀬がない。だから当たり前のことだが、出題する問題に保険をかける。その「保険」とは「書かれている言葉の中に必ず根拠がある」という状態にすることである。こうしておけば、問題の正当性が問われても余裕で反論できる。

そうでない、あいまいな事柄を問うことはないのかって？　ある。だが、そういう時は解答を選択式にして、「消去法」を使う。つまり、正解とされる選択肢には、確かにそうも考えられるが、確証はない、という内容を書き、その他の選択肢に明らかに本文と食い違う内容を書く。すると、他が全部違うから正解はこれ、という按配《あんばい》に出題者が狙った解答が正解になる。しかも、そういう内容が本文で言われていないという確証もないから、それが正答だとは証明できない代わりに、それが正答でないとも証明できない。だからその問題を論難しようにも、攻め手がない、ということになる。結果的に出題者は守られる。

脱線がだいぶ長くなったので、ここでまとめをしておこう。我々が今注目しているのは「答えではなく手がかりを探す」という発想であった。そしてその例として、記号を利用する方法、問われているところ以外の共通性・対称性に注目する方法について語ってきた。この部分は「雑音を排除して手がかりをつかむ」という問題解答の極意に直結する発想の転換であり、勉強を進める上で、きわめて重要なステップであることを改めてここで強調しておきたい。

③他の何かを持ってきて比べる

では、観察力を養うのに必要な最後にして最大の砦、「他の何かを持ってきて比べる」に進もう。この教えの内容をさらに嚙み砕いて言うならば、何かを見るとき、それ一つだけを見てはいけない、必ず何かと見比べよ、ということである。もちろん「他の何か」が何であり、それをどこから「持ってくる」かが学習者の腕の見せどころなのだが、常にそういう「比べる」という発想を持つことで、単独で見ていたのでは見えない属性が見えてくる、ということである。

「比べる」という発想——抽象化とやじろべえの精神の集大成

この発想を私に与えたのは、第一部で紹介した『頭の体操』（p29）の中に出てくる問題、「ここに使いかけの一本の鉛筆がある。この鉛筆を切ったり折ったり曲げたり食べたり一切しないで、短くしなさい」である。答えはすでに明かしてあるように「もっと長い鉛筆を持ってきて比べる」である。この問題を通じて私は、物事の意味の中には、他と比べることではじめて発生することがあることを学んだ。「使いかけの鉛筆」はあくまで「使いかけの鉛筆」であって、それ以上でもそれ以下でもない。単独で見る限り「使いかけの鉛筆」は長くも短くもないのだ。ところがその「使いかけの鉛筆」のところにもっと長い鉛筆を持ってきて比べれば「短い鉛筆」になり、反対にもっと短い鉛筆を持ってきて比べれば「長い」鉛筆になる。つまり「長い」「短い」という属性は、他と比べることによってはじめて生じる性質なのである。

この「他の何かを持ってきて比べる」という発想は、特定の学習内容や科目にとって有効なだけではなく、さまざまな分野で威力を発揮する。たとえば、科目は何であれ、複数の選択肢が与えられている問題があったら、その選択肢を「見比べて」みる。単に「見る」のではなく「見比べる」ことが大事だ。何しろ「比べ」れば、そこには必ず「共通点」と「相違点」があるはずだ。そして「共通点」はその問題が扱っている主要な項目や事象・ルールの範囲を、「相違点」はその問題において考えるべきポイントを指し示している。こういう「考えるきっかけ」を見つけることは、特に難しい問題に答える場合、非常に重要な「取っ掛かり」になる。

しかも、他の何かを持ってきて比べる、という行動を巧みに行うためには、第二部で語ってきたすべての要素が求められる。まずは抽象化。「比べる」という行為を行うためには、まず最低限比べられる対象となる二つのものを見つけてくる必要があるが、比べるからには必ず「共通点」が必要である。すると「共通点を見出す」抽象化は比べる対象を見つける上でも重要だと言える。もちろんそれに付随して、「ゆるやかで、かつ一定の範囲に収まる」ことを追求する「やじろべえの精神」。見かけ上違うものの共通性を探すにはぜひ必要な態度である。もちろん融通の利く形で記憶されている知識（知恵）も総動員しなくてはならないし、答えより「手がかり」の中に比べる相手を見出す必要がある。そして「目の前の現象を正直に見る」ことによって、全く無関係に見えるものの中から比べる相手を探し出すことが可能になる。

では「他の何かを持ってきて比べる」ことで解決に至る問題を一つ挙げてみよう。

問い：空所に入る適切な語を下から一つ選びなさい。

The style of writing always depends on the (　　　　　) of its author. What the author writes often depends on the author's tastes or tendencies. In other words, the author can decide for himself what he wants to write. But how he or she writes it never fails to reflect what kind of person he or she is.

(1) ability
(2) talent
(3) tendency
(4) personality
(5) choice

まず問題の「現象」を正しく確認する。そもそも文中に空所がある場合、そこに何が入るかはわかるはずがない。何しろ筆者が書いた言葉を出題者が消してしまったのだから、我々にはいわば筆者の言葉がかき消されて聞こえない状態なので、そこで筆者がなんと言ったかは、わかりようもない。だが、同時に、問いとして設定されているということは、とりもなおさず解答に至る手がかりが文中に必ずある、ということである。そこで、空所を含む文と、何か共通部分を持つ文がどこかにないか探していく。

実はここに、出題者のかけた罠、この問題最大の雑音が存在する。手練《てだ》れの出題者なら、解答者が手がかりを探して何かを比べたがっているということをすでに読んでいる。そこで、わざと誘い水を向ける。空所に続く第二文も主節の動詞が depends on なのだ。おっちょこちょいな解答者はこれを直前の文の depends on と並べ、第二文の on に続く tastes or tendencies に注目して(3)ないしは(5)を選びにくるが、これではまんまと雑音にやられて敵の術中にはまったことになる。なぜか。

もちろん、第一文と第二文では主語の内容がまったく異なるからである。style は「スタイル」すなわち「形式」や「様式」のことであって、what the author writes、つまり「内容」ではない。しかも第一文には always、第二文には often と異なる副詞が置いてあるのもさりげないヒントだが、焦っているとそういうことには目がいかず、「見かけ」が同じものに引きつけられやすい。

むしろ、空所の文にあるalwaysが最後の文にあるnever fails to Vと同じであることに気づき、その前後の表現を見比べるきっかけとなる。ただ、もちろん最初は無関係に見えるかもしれない。何しろdepend onとreflectには見かけ上の共通点は全くないからだ。

The style of writing always depends on the (　　　) of its author
how he or she writes it never fails to reflect what kind of person he or she is

おそらく、次がこの問題の解法のハイライトである。depend onが「左向きの矢印」であることはすでに紹介ずみだが、左の文の動詞reflectはどうだろうか。この時点で学習者のreflectに関する知識は［1自動詞で後ろにonを伴うとき、意味は「考える」2他動詞の場合「SがOを映す」］だけである。後ろに続く語句（what節は名詞節）から判断してこのreflectは2の方である。すると［SがOを映す］という意味から、次のような可能性が見えてくる。訳語から考えてS＝［写真］、O＝［実物］が来る関係にあることは明らかだ。

写真と実物の関係で最も重要なことは、まず実物があって、初めて写真が存在する、ということである。

映す
［写真］reflect［実物］

後　　映す　　先
［写真］reflect［実物］

しかも、写真の出来がどうなるかは、すべて実物次第である。まあ美しい人は美しく、そうでない人はそれなりに映る、というやつだ。こう考えると、reflect もやはり記号に変換できるとわかる。それは「左向きの矢印」である。

映す
［写真］reflect［実物］

後
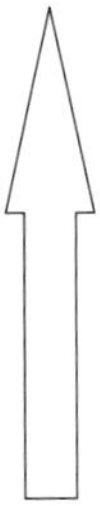
先

それを先ほどの文にも当てはめてみよう。

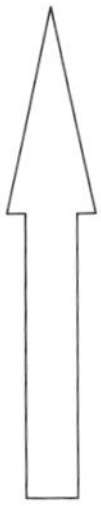
The style of writing always depends on the (　　　　) of its author

how he or she writes it never fails to reflect what kind of person he or she is

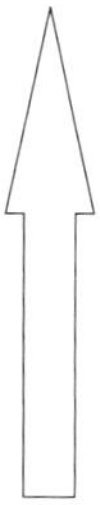

このように、表面の単語は異なるが、抽象化して記号で表すとまったく同じものであることがわかった。次に検証するのは、それぞれの矢印の先端である。The style of writing と how he or she writes it はどちらも「文章の書き方」という意味にとることができる。これも表現は違うが、指す内容は等しい。

The style of writing always depends on the (　　　) of its author

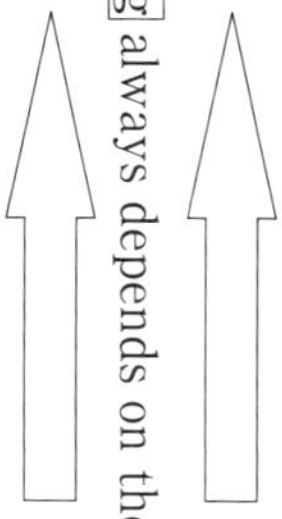

how he or she writes it never fails to reflect what kind of person he or she is

これで我々は、すでにはっきりした手がかりを得たことになる。勘違いしては困るが、the (　　　) of its author が何であるかは全くわからないので、これと何かが同じになるかどうかは全くわからない。だが、それ以外の部分が上と下の文では同一である。同じ人間がこれだけ共通点のある二つの文を書いたら、それは全体としても「同じ」でなくてはおかしい。そうでないと、その人間自体に一貫性がないことになる。そこで、残っている部分も同じだと判断し、the（　　）of its author=what kind of person he or she isだと結論付ける。選択肢の中でpersonを含むのはpersonalityだけだから、これが答えである。

見ての通り、この問題は、第一文単独では永久に答えの出ない問題である。途中にある無関係な雑音の文を排除して、第一文と最終文とを比べることに思い至れば、そこから手がかりが見つかって解答に至る。しかもdepend onとreflectにせよ、alwaysとnever fail toにせよ、単純な見かけ上は互いに共通点はない。その表面を剝ぎ取って内実に光を当ててはじめて、両者に共通点があることが見えるのである。

第四章
得点力の鍵
「判断力」

どうすれば「速く」なるか

これで、「観察力」の段階が終わった。いよいよ最後の「判断力」である。だが、問題を解くことに関する「判断」のほとんどは、知識と観察力を縦横無尽に使い、臨機応変にその場の状況に対処していけば、ほとんど自動的にできてしまうと言ってもいい。だから私は授業中「知識＋観察力＝判断力」という式を学生諸君に示すほどである。

これに関連してあまり出来のよくない学生の定番の質問を取り上げよう。それは「どうすれば速く解けるようになりますか」（英語の場合「どうすれば速く読めるようになりますか」を含む）という質問である。この質問は実にばかげている。「速く解く」「速く読む」という言葉にはなんの具体性もないからである。もしこの学生がこれ以上問題を具体化せずに、「速く解く・読む」という行動を夢想しているなら、その学生は永遠にそんなことはできるようにならない。

では、どうすれば、問題が具体化できるのか。もちろんここで問題となっているのは本来「速く解く」であるが、やはり私の専門は英語なので、英語を例にとって説明するために「速く読む」という動作を取り上げよう。どの分野、どの次元の問題であれ、これから私が説明することと大同小異のプロセスをたどるはずだからである。

もちろんこの際、「速く」は枝葉末節である。「読む」という動作を具体化できれば、それを「速く」やりさえすれば「速く読む」ことはできるはずだからだ。そこで、「読む」とはどういう行為かを考えてみよう。

外国語を読む場合、常に三つのプロセスが繰り返されながら進んでいく。そのプロセスとは、「発見→知識の引き出し→判断」である。

ごく単純な次の文でもっと詳しく実態に迫ろう。

He got to the park.

この文を見たとき、まずgotという動詞を「発見」する。そしてgotには〈SV〉〈SVC〉〈SVO〉〈SVOO〉〈SVOC〉という5つの文型があり、例えばその中で〈SV〉は「到着する」であるという知識を記憶から引き出す。そして、to the parkが前置詞+名詞で文の要素でないことから（実はこれも判断であるが、ここではややこしくなるのでその件は割愛）、右の文のgotの文型は〈SV〉であると「判断」、これによって「彼はその公園に到着した」という訳語が完成する。

何かを読む場合だけではなく、人間が物事に出会い、解決するまでの間には、常にこのプロセス「発見→知識の引き出し→判断」がある。そして「速く読む」ことができる人は、このプロセスが淀《よど》みなく進んでいくのである。このプロセスのどこかにボトルネックがあると、当然ことはスムーズに進まず、「遅く」なる。

つまり「読むのが遅い」人や「解くのが遅い」人は、この三段階のどこかにボトルネックがあるのだ。

初学者のうちのボトルネックは「知識」にある。正直に言えば、このボトルネックは知識を蓄《たくわ》えるにつれて小さく（つまり影響しなくなる方向に）なっていくが、完全になくなることはおそらくない。

ただし、これについての回避方法はこれまでもさんざん語ってきたので、ある一定程度の知識を得た後は、知識がなければ行き詰まる、ということはほとんどなくなる。

ある程度知識が蓄えられてきたときに問題になるボトルネックは、「発見」のボトルネックである。つまり、気づくべき事柄に気づかないのだ。すでに観察力のところで語ったように、これが最大のボトルネックであり、どんな勉強であれ、ある一定程度から伸び悩んでいる人の問題点はほぼ間違いなくこれである。

では、観察力のボトルネックを小さくするにはどうすればいいか。本書の第二部はほとんどそのための方法を語るためにあったと言っても過言ではないのだから、改めてそれをここでくり返すことはしないが、あえて言うなら、常に一定の正しい手順でものごとに対することを心がけるべきだ。

語学に限らず、能力が中途半端な者に限って、常に守るべき一定の手順に従わず、手前勝手なご都合主義でものごとに対応してしまいがちだ。それは時に一見賢明に見えるが、相手によって無節操にやり方を変えるのは、およそ「やじろべえの精神」に反する誤った方法である。常に一定のアプローチをかけながら、かつ臨機応変であることが真に成功へと導くやり方なのだ。

最後の「判断」のプロセスであるが、これがボトルネックになることは、よほど論理的思考の基礎訓練がおろそかになってでもいなければ、あまりないはずだ。ここがうまくいかない人は、かなり基礎的な部分から国語や算数・数学をやり直す必要がある。

ここまで読んで、賢明な読者はすでに理解したことと思うが、そう、速く読むことを目指す必要は全くないのだ。単に「できる」ようになればいいだけなのである。正しい知識を持ち（できる人間の条件である）、鋭敏に観察できれば（これまたできる人間の特徴だ）、勝手に「速く」なってしまう。だから私は自分の生徒たちに言う。速く読める・解けるようになろうとしてはいけない。ただ「できる」ようになろうとせよ、と。能力もないのに、「速く」だけしようとすると、よくわからないおまじないのような方法にすがって結局沈んでいくことになる。

点数を上げるためのもう一つの「判断力」——すべては素点で決まる

でも、だからといって、これまで話してきたことで、判断に関する話がすべて網羅されているか、というと実はそうではない。試験を受け、合格を手にするにはもうひとつの視点が必要だ。

私の関係する大学受験業界には「偏差値」という数字が出回っている。この数字がいつの間にか指導者、学習者をあらゆる面で支配し、偏差値を上げることに汲々《きゅうきゅう》とする人がとても多くなっている。もちろん、ある科目の相対的能力、つまり同じ目標を持つすべての人間の中で、自分がどのあたりの位置にいるかを知る上では、偏差値はとても有効である。だが、偏差値ばかりに注目する人々は、重大なことを一つ見落としている。それは「合否は偏差値ではなく、素点で決まるものだ」という単純明快な事実だ。

複数の科目があるなら、たとえば英語で取った3点も、数学で取った3点も、3点は3点である。理科や社会などは選択で受けるので、「得点調整」ということが起こりうるが、英語と国語と数学の間で得点調整をする、などということはあり得ない。つまり、単純な問題解答能力という意味での実力の上下と、実際の合否は必ずしも一致しないのである。ある年の東大の入試は英語がとてもやさしく、数学が難しかったため、理系なのに英語が90点、数学が10点だった学生(A)の方が、英語が40点で数学50点の学生(B)より合格率が高かったことになる（英・数ともに満点は１２０点）。数学は5倍もできたのに、英語が半分以下だったというだけの理由でBは落ちた可能性がある。

いわゆる点数を「比」で考えるとAは数学の実力はBの五分の一、英語もBの実力の倍ちょっとしかないのに合格し、Bは数学の実力がAの五倍もあって、英語もBの半分近くの能力はあったのに、落ちたのである。理系であるというバイアスを考慮するなら、もしかするとBの方がはるかに合格にふさわしいかもしれないのに、である。

同じ科目の中でもそうだ。問題はたった一つ、というわけではなく、もちろん問題によって難易度には差がある。だが、配点を問題ごとにそう大きく変えることはできない。配点を発表していないのに、難易度によって配点を大きく変えていたら、試験は一種の宝くじになってしまうからである。もちろん、解答者に配点を明示してならできるが、それだと配点から難易度が割り出せてしまうので、大学はあまりそれをやりたがらない。

そこで、再び数学を例にとって思考実験をしてみよう。ある年の東大の（大学名は何でもいいが、一応話の接《つ》ぎ穂だと思ってほしい）理系数学が六問出題され、配点は各20点だったとする。そのうちの一問は、たとえば「フェルマーの最終定理を自力で証明せよ」のような世紀の大難問、他の五問は気の利いた中学生なら解ける程度の超基礎問題だったとする。学生Aは最難問に挑戦し、なんと完答。だが、この一問に時間を使い果たした。一方、学生Bは偶然だが難問を捨ててしまい、残りの問題のうち特に簡単な三問を解答。ところどころミスをしたが合計点は50点であった。すると、もちろん合格可能性は学生Bの方がはるかに高いのである。考えてみてほしい。学生Aは数学上の最難問を試験時間内に解答してしまう数学の天才である。だが、得点は20点なので合格可能性は50点を取ったBにかなわない。これが試験というものの現実である。

もう一度言うが、試験の合否は偏差値でなく素点で決まる。つまり与えられた試験時間内に、簡単な問題を数多く発見して多く正解した人間が勝つのだ。そのためには、単に学力をつけるだけではなく、試験全体をどうマネージするか、という戦略的判断が重要になる。それも、試験場での行動はもちろん、準備期間中の勉強の仕方や内容にもそれは反映される。

合格ラインと戦略

その戦略は、合格ラインが全体の点数の何割か、で大きく変わってくる。たとえば「運転免許」の試験。これの合格ラインは9割である。すると、歩留《ぶど》まりを考慮すれば最低でも100問中96問くらいには解答しなくてはならない。すると、ある分野をまとめて捨てる、という大胆な戦略は採《と》りにくい。それでも考えようによっては10%までは捨ててもいい、という理屈だから、問われる頻度が低いものはあまりしつこく勉強する必要はないことになる。統計をとったわけではないからあくまで印象なのだが、最近の免許の試験では車の構造に関する問いはかなり少ないように見受ける。私なら、出る確率の低い車の部位の名前を覚えるより、交通標識を覚える方に力を注ぐかもしれない。

反対に、東大の二次試験に代表されるような合格ラインが60％以下、かつ試験科目が多い、という試験を受ける場合、受ける側の受験戦略の巧拙《こうせつ》が合否を分ける確率はかなり高い。別の言い方をすれば、受験や勉強にメリハリがつけやすいのである。極端な話、一科目くらい0点でも受かることは可能だ（現に私の同級生に数学0点が3人いる）。こういう大学を受ける場合には準備段階でも得点になりやすい、得点を上げやすい科目や分野に重点を置き、本番でも、いかに解きやすい問題を見つけ出すか、が勝負だと考えて臨む必要がある。

因みに新司法試験、医師国家試験、などの資格試験も、あくまでも合格ラインという結果の数字だけの観察だが、やはり6から7割内外らしく、それなりの取捨選択が可能だろうと考えられる。というより、一般に難易度の高い試験は合格ラインが低く、その分それなり以上の戦略性が求められるものである。

難易度の高い試験の合格ラインが低いわけ

なぜ、難易度の高い試験は合格点が低くなるのか。それは簡単である。一定以上難しい問題にしないと、あるいは採点を厳しくしないと、受験者全員が満点を取ってしまい、不合格者が出せなくなるからである。まあ、不合格者が出せない、というのは冗談にしても、易しい問題では受験者間の成績偏差が小さくなり、結果的に能力のある人間をうまく選び出すことができにくくなるのだ。

わかりやすくなるように例を挙げてみよう。たとえば受験者が100人、合格者が30人の試験を考えてみる。試験が100点満点で、平均点が95点のテストをしたと考えてみよう。平均点から考えて、受験者にとってはかなり「易しい」試験だった。すると、学生の学力分布は下の図のようになる。

この状態では多分100点満点も8人くらいはいるだろう。すると30人という数は97点を取った人間を全員入れるとはるかにオーバーしかねない（たとえば、100点＝6人、99点＝9人、98点＝13人、97点＝20人…）。たとえばの計算で考えた場合、席が2席しかないのに20人からどうやって選ぶことができるだろうか。こ

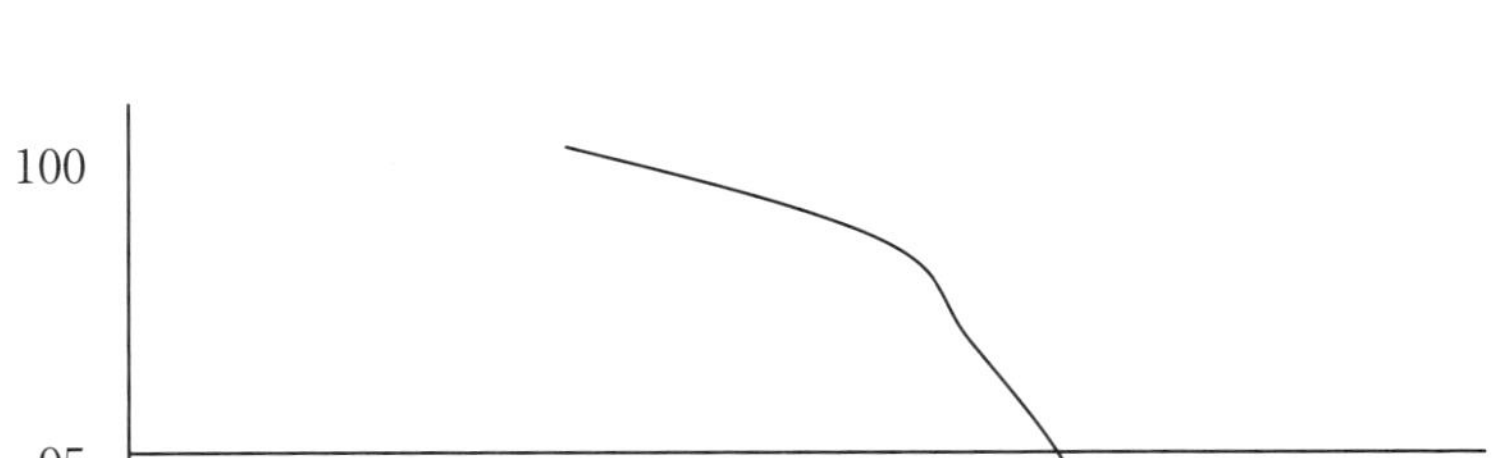

のように、難しく、能力の高い人間が受ける試験は、問題をやさしくするわけにはいかないのだ。

反対の場合も図示しよう。同じく１００人の受験者で30人合格。１００点満点で受験生全員の平均点が30点のテストを考える。

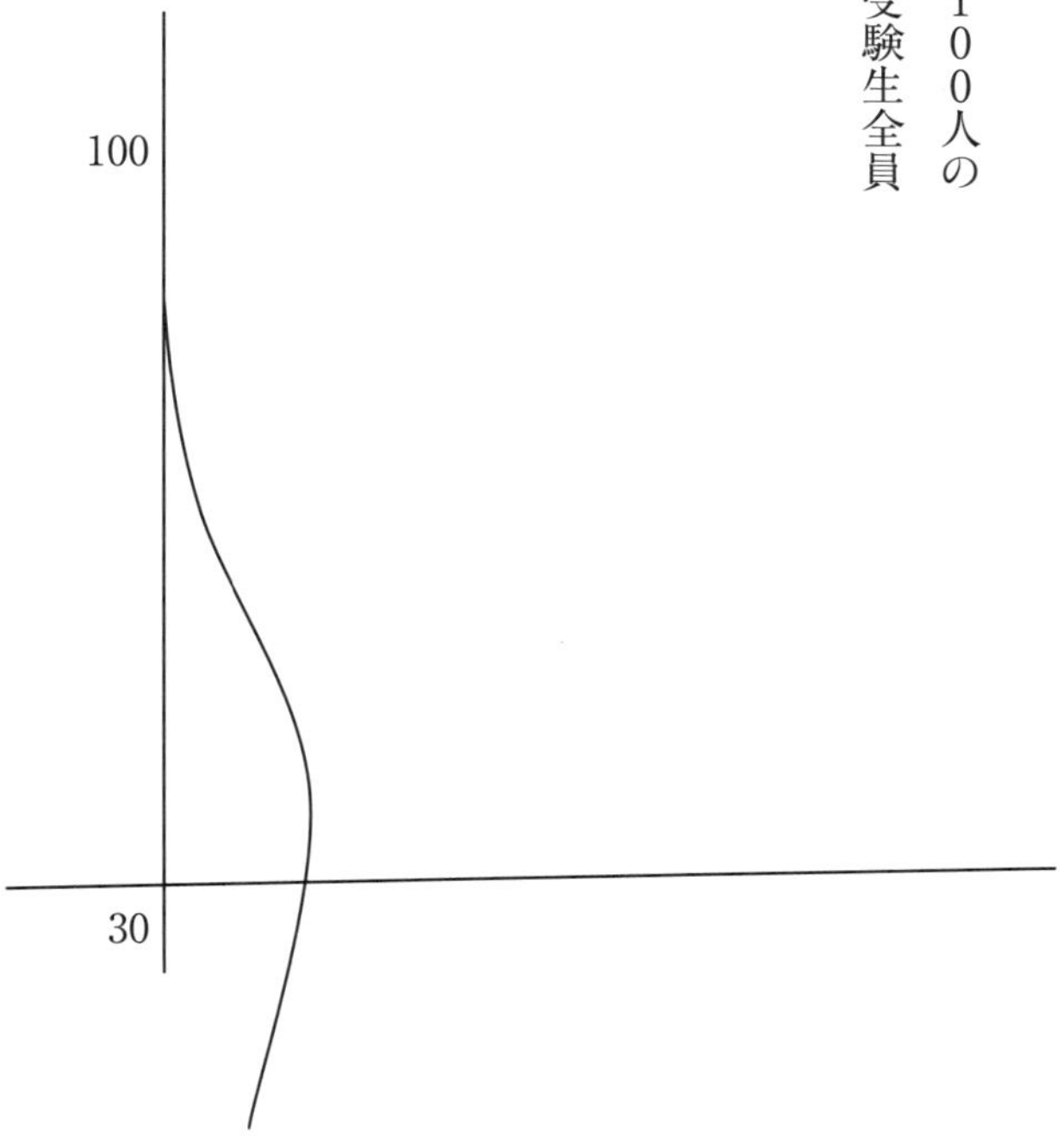

この状態なら、受験生の得点はかなり大きくばらつく。すると、たとえば29人目が52点だった場合、51点にはおそらく3人から4人くらいしかいない。その3人を全員合格させても試験の整合性には問題がない（単に合格者が32人になるだけ）し、もし細かく審査するにしてもその人数は3人か4人ですむ。当然試験としての合理性も増し、間違って能力のある受験者を排除してしまう確率も下がる。簡単に言うと、難易度の高い試験をすれば得点をばらつかせることができ、その結果まるで虫眼鏡で受験者たちの集団を見ているように、分別がしやすくなるのだ。

ただし、難易度が上がれば、先ほど指摘した「時間内に易しい問題をより多く見つけてそれに力を注ぐ」という判断も重要になる。もっとはっきり言えば、難しい問題は捨ててしまうことが必要なのだ。

解く問題を賢く選ぶ

ところがこれ、私の話すことの中で、受験生にもその親御にも最も人気のない話の一つである。簡単に言うと、受験生はチキンハートなのだ。とても弱気である。つまりどの問題も思わぬ間違いをする可能性があるから、できるだけ多くの問題にとにかく解答を書いておけば、そこで得られる小さな得点が積もり積もって合格ラインに達する、と信じたいのだ。だが、試験の難易度が高い試験の場合、このようなやり方は百害あって一利なしなのである。最初の前提として言えるのは、何も合格するのに満点は必要ない、という事実だ。合格ラインが七割なら三割、六割なら四割は、間違えてもいいのである。でも、どうせ間違えるなら、その分を最初から答えなくても同じなのだ。最初から答えなくていいのであれば、それに時間を使う必要はない。その分の時間は、他の問題の解答をよりよく仕上げるのに使う方が合理的なのだ。

もちろん合格ラインが低い問題は、それぞれの難易度が高く、解答するのに時間がかかる。その時間を端折《はしょ》ろうと焦ると、必ず小さなミスが積み重なり、結果的に「取れた」と思ったほどの点数が取れないことになることが多い。しかもそこで時間を削ってまで解いた問題が結局0点なら、その時間を別の問題に差し向けていたら、その問題でもっと得点をとることができたかもしれないのである。

だから、とにかくすべての問題に解答を与えようとするより、解く問題を絞った上で、よりよい解答を作ろうと模索する方が、結果としての合格可能性を引き上げるのだ。

もちろん試験時間は不可逆であり、そこで解かないことに決めた問題が後から見て最もやさしい問題だったとしても、それを取り消してやり直すことはできない。だからこそ、どの問題に取り組むべきかを短時間で見極める判断力が求められる。

ただ、問題の選択を誤ったとしても、すべてを解くという判断よりは合理的である。私自身、東大受験のときに数学で結果的に一番簡単な問題を捨ててしまった。外から見ればこの戦略は失敗であるように見えるが、私の中では今でも失敗ではない。私が捨てた問題は整数の問題だった。数学がさほど得意でない文系の私にとって、整数は、運よくわかれば簡単だが、はまると時間ばかりかかって自信のある解答がしづらい、醜女《しこめ》の深情けのような分野であった。だからそれを捨てて、もっと確実に解答法が見つかる問題に力を注いだ方が、精神的にも負担が少ないと判断したのである。この判断が奏功し、私は数学でかなりの得点を得て、合格した。

決めるのは「あなた」

この話を聞いた上で、私の勧める「一部を捨てる」作戦をあなたが採用するかどうか、それ自体があなたの「判断」である。

その判断の良し悪しを私は知る由《よし》はないが、結局はそういう判断のもたらす結果が、受験結果にもつながるのだ、ということはわきまえておいてほしいと思う。

選択するのは機が熟してから

ただし、このような科目・分野の選択は、あくまで試験が具体的に視野に入ってくる時期にやるべきであり、これを勉強の初期段階でやるのは間違っている。その理由は、人間は預言者ではないから、である。勉強し始めのころの「得意」「苦手」という意識は、単なる感覚の問題にすぎないことが多い。ある程度勉強してみたら、初め苦手と思った科目の方が得意になった、ということもありがちなことだ。

また、科目数を減らすことは、将来の受験の選択肢を狭《せば》めることでもある。先に行って、やはりこの大学のこの学部に行きたい、と思っても、勉強していない科目が試験にあるとあきらめざるを得なくなる。

しかも、これまでの話で十分わかってもらえたはずだが、勉強というのは科目が異なっても同一の発想と方向性を持ったシステムであり、「抽象化」という学力の根幹となる能力を養うには、むしろ複数の方向からの刺激を受けた方がよい。その意味で、初めの勉強は多くの科目に関して行った方が到達レベルが高くなる確率が高いと言える。

大学受験の世界では、東大受験生は特に準備もなく科目数の少ない早稲田や慶応の試験に合格するが、これは単に東大受験生が「頭がいい」からではなく、より多くの科目を学習することによって、より高い抽象化能力を達成するため、結果として各科目の能力も高くなっているからである。

だから、勉強の初期段階ではなるべく広い範囲の勉強をした方がいい。もちろんどの科目についても、これまで私が示したような正しい知的刺激を与える方向を維持することは最低限必要だが、それが担保されていれば科目数は多い方がいい。だが、具体的に試験が視野に入ってくる時期になると、だいたい自分の実力と、そこから考えられる科目ごとの点数の期待値が見えてくる。そうなってから、より力を入れる科目・分野、ある程度にとどめておく科目・分野、放置する科目・分野を決めていく。

結論

ここまでで、「試験準備」に焦点を当てた勉強法について、一通りのことを語ってきた。具体的な例は私の職分である大学受験の英語に関するものが多かったが、そこで語ってきた内容自体は、より普遍性のある「試験準備」そのものをターゲットにしてきた。その主な戦略は「勉強を段階に分けること」「観察力に焦点を当てること」「比べることで共通点を見出すこと（抽象化）」「固定観念に警戒すること（やじろべぇの精神）」である。

だが、このうちの「抽象化」と「やじろべぇの精神」は単に試験準備のためだけでなく、人間が現在に対して誠実に生きようとするなら、絶えず持つべき態度だと私は思う。考えてみれば、世の中に「これが絶対正しい」というものはない。多くの政治理念やカルト、宗教は「自分が絶対正しい」と思い込ませようとしているが、それが成り立つはずもないことは冷静に物事を判断すればわかるはずだ。

確かに、絶対正しいものがない世界で生きるのは不安である。だが、それ以外に生きる道はない。だから我々はその中でしたたかに生き抜いていくほかないのである。

そのために我々は、絶えず相対的な視点を持ち、常にゆらゆら揺らぎながら世の中のうねりに向き合わなくてはならない。無条件に信じられるものは、自分を含めて何もない。なにもデカルトを持ち出さなくても、それは我々の生きている実感である。

だが、いや、だからこそ我々は考え続けるのだ。そうやって揺らぎながら、でも倒れずに現在と向き合うのである。

私が大学受験に関わる仕事をしているからどうしても贔屓目《ひいきめ》に見てしまうのだが、大学受験の試験勉強はそういう精神を若者たちの心に植えつける絶好の機会である。心ある大学は、決して世に批判されるような「無意味な知識の記憶」を若者に強《し》いていない。普遍性の高い事実だけに依拠しながら、自分の目でものを見つめて考えていくことを求めるような試験を行っているところも数多いと思う。

具体的な問題点は改善すべきではあるものの、だから、大学受験をまるで親の敵《かたき》のように言うのは、改めるべきではないかと考える。

大学受験に限らず、試験というものは、うまく配慮しつつ行えば、学習者の思考力を高める方向に導く契機と十分になりうる、と私は信じる。

あとがき

「はしがき」にも書いた通り、本書は私がこれまで予備校の授業で話してきたことの中から、単に英語という科目の垣根を越えて、試験勉強を成功させるのに必要なエッセンスを抽出したものである。だからおよそ試験を受けようと思っている人なら子供から大人までだれでも本書の内容を参考にできるはずだし、さらに言えば、試験問題を作ろうとしているあらゆる人々にも参考になるはずである。逆の言い方をすれば、本書は特にある方向性を持ったある段階の人々だけを読者として想定しているわけではない。

だから学習参考書というにはターゲットと内容が明確ではなく、啓蒙書に分類するには内容が技術的で、随筆というには話が具体的すぎ、実用書というには内容が抽象的すぎ、思想書というには話が客観的すぎ、かといって技術書というには脱線が多すぎる。

出版社としてはどういうカテゴリーに入れればいいかかなり悩んだと思うし、このような海のものとも山のものとも知れない本を出版しようというその勇気には心から敬服する。ここでまずはそのことに感謝したい。特に大和書房編集部の小宮久美子さんには私の話を「面白い」と言っていただき、出版までの様々な労を取っていただいた。それに報いるためだけにでも、本書がいくらかなりの波紋ないしは衝撃を日本の教育界に投げかけるものであることを願うものである。

最後に一言申し添えておけば、本書は私が伝えたいことのすべてではない。

教師のはしくれとして、そして一人の親として、大学受験の世界に生きてきた私の目には、子どもの勉強、そして受験はまさに一人の人間の成長物語に映る。ほとんどの子供たちは学校に通い、知的経験をし、大学受験という通過儀礼を経て大人の世界に入る。我々は子供自身として、そして親として、あるいは教師として、はたまた、同じ国に生きる一人の大人として、成長を経験し、そして寄り添う。だから、勉強と受験をめぐる一連の問題は、この国に生きるすべての人間が等しく関心を持つべきことである。そういう思いから、私自身さらに言葉を紡いでいく予定である。その中では私も一人の親として、自分の息子の成長を通じて学んできたことを告白しながら、普遍性の高い、あるべき教育の姿について私なりの見解を申し述べたいと思う。乞うご期待、という言葉を本書の結語としたい。

著者

2012年4月

富田一彦（とみた・かずひこ）
1959年東京生まれ。東京大学文学部英語学英米文学専修課程終了。1986年より代々木ゼミナール講師。一点のあいまいさも残さぬ精緻な構文分析、論理展開の講義は「富田の英語」として代ゼミにとどまらず全国の受験生から高く支持されており、英語教育界に大きな影響を与えている。愛車はポルシェ、苦手なものは「最中」。
既著に『富田の英文読解100の原則』、『The Word Book とみ単』（大和書房）、『富田の入試英文法』（代々木ライブラリー）などがある。
Twitter アカウント：@TOMITA_yozemi

試験勉強《しけんべんきょう》という名《な》の知的冒険《ちてきぼうけん》

2012年4月25日　第1刷発行
2021年8月15日　第5刷発行

著　者　富田一彦《とみたかずひこ》
発行者　佐藤　靖
発行所　大和《だいわ》書房
東京都文京区関口1-33-4
電話03-3203-4511

装　丁　水戸部功
本文デザイン　高橋明香（おかっぱ製作所）
本文組版　キャップス
本文印刷　信毎書籍印刷
カバー印刷　歩プロセス
製本所　小泉製本

ISBN978-4-479-19051-6